그룹 내러법

긴장감 넘치는 의사 결정에 직면한 그룹을 위한 멋진 도구

대장간

첨예한 주제를 다루는
그룹 대화법

긴장감 넘치는 의사 결정에 직면한 그룹을 위한 멋진 도구

론 크레이빌, 에블린 라이트 지음

신동한 옮김

정의와 평화 실천 시리즈
첨예한 주제를 다루는 그룹 대화법

지은이	론 크레이빌, 에블린 라이트
옮긴이	신동한
초판1쇄	2024년 1월 14일

펴낸이	배용하
책임편집	배용하
등록	제364-2008-000013호
펴낸곳	도서출판 대장간
	www.daejanggan.org
등록한곳	충남 논산시 매죽헌로 1176번길 8-54, 101호
대표전화	전화 041-742-1424 전송 0303-0959-1424

분류	그룹대화	대화	회복적 서클(RC)
ISBN	978-89-7071-653-4 13330

이 책은 저작권법에 의해 보호를 받는 출판물입니다.
기록된 형태의 허락 없이는 무단 전재와 복제를 금합니다.

값 9,000원

차례

1장. 모두를 위한 대화법

갈등은 마치 그림자처럼 우리를 따라다닌다. 이웃, 가족, 직장, 교회, 학교 등 사람들이 공동체로 모인 곳에는 이내 갈등이 일어난다. 때로 갈등은 마음에 상처를 주고, 공통의 목표를 잃어버리게 하고, 최악의 경우에는 지속적인 불신으로 굳어지거나, 폭력을 유발한다.

이 책은 갈등이 공동체 생활에서 자연스럽고 정상적이며 반복되는 일이라는 전제에서 시작한다. 갈등이 발생한다고 해서 누군가 실패했다는 뜻은 아니다. 사실 인간으로서 우리는 잠재력을 최대한 발휘하기 위해 공동체적 연합과 그 안에서의 갈등 둘 다 필요하다. 개인의 선택을 소중히 여기는 만큼 우리는 공동체 안에서 형성되며, 타인과의 관계에서 각자의 개성이 가져오는 파급 효과를 파악한다. 각 사람이 가진 취향, 전통, 또는 서로의 신념이 도전 받을 때 갈등이 일어날 수 있지만, 이런 갈등 없이는 결코 성장할 수 없다.

격렬한 감정 충돌과 서로 다른 의견 사이에서 팽팽한 줄다리기를 하는 갈등 속에 있을 때는 갈등이 성장의 기회로 보이지 않는다. 갈등 속에 들어가 회복을 촉진facilitate하라는 요청을 받을 때,

우리는 좌절하거나, 압도당하거나 더 나아가서는 희망을 잃게 된다.

우리는 박사, 목사, 의장, 교사, 원로, 관리자라는 직함이 있어야 사람들을 건설적으로 돕는 법을 안다고 생각하지만, 그 가정이 잘못되었다는 것을 모두 경험적으로 알고 있다. 현실을 직시하자. 모임의 종류를 막론하고, 모임은 위험하고 예측이 어렵다. 우리가 어떤 상황을 논의하거나 문제 해결을 위해 모일 때 명확하게 말하고, 잘 듣고, 잘 분별하고, 타인에 대한 인내심을 유지하는 것은 쉽지 않다. 그러니 사람들이 긴장하거나 화가 났을 때, 어려운 주제를 놓고 회의를 한다면 어떻겠는가? 그것은 정말 끔찍한 조합이다.

하지만, 여기에 좋은 소식이 있다. 주의 깊게 사용하기만 하면, 다루기 힘든 뜨거운 주제를 쉽게 토론하고 해결할 수 있는 대화방법이 존재한다. 이러한 방법은 생각보다 쉽게 배울 수 있다. 이 책은 서로의 감정이 격할 때에도 서로 이야기하고 경청할 수 있도록 도와주는 다양한 도구에 관한 책이다.

우리는 이런 방법을 거의 배우지 않는다. 우리가 갈등에 잘 대처할 수 있도록 실제로 준비할 수 있다는 생각은 아직 낯설다. 공격성이 인간의 본성이라는 개념이 깊이 자리 잡고 있고, 갈등은 당연한 것이라는 생각이 만연한 까닭이다. 우리가 다투는 것이 인간 본성이라면, 피할 수 없는 싸움에 왜 에너지를 낭비하는가? 세상을 선과 악, 이분법으로 보는 경향도 관련이 있다. 이런 사고방식은 우리 자신의 단점은 무시하고, 상대를 사악한 존재로 규정하도록 부추긴다.

대화방법이 왜 중요한가? 사람들 대부분이 인식하는 것 이상으로, 우리가 소통에 사용하는 방법이 **우리가 누구인지를** 결정하기 때문이다. 사람들이 모일 때마다, 무언의 메시지가 전달된다. 누가 중요한가? 무엇이 정말로 중요한가? 전체 공동체를 위해 중요한 결정을 내리는 회의에 특정 성별이나, 사업가나, 교육받은 전문가만 초대되거나 발언을 주도한다면, 누가 중요한지에 대한 무언의 메시지는 분명하다.

논리나 법 또는 이성적인 주장만을 진지하게 받아들이면, 이것이 또 하나의 메시지가 된다. 공격적인 말만 난무하고 경청하고 이해하려는 절제된 노력이 없다면, 그것이 또 다른 메시지로 전달된다. 재정이나 조직 목표의 관점에서만 모든 것을 생각하고, 마음과 영혼의 문제는 고려하지 않는다면, 이것이 또 하나의 메시지로 전달된다.

우리가 상호작용을 안내하는 데 사용하는 대화방법은 상호작용 방식을 형성할 뿐만 아니라, 약속과 가치에 대한 미묘한 메시지를 전달한다. 우리가 계속 사용하는 대화방법은 시간이 지나면서 우리가 어떤 사람이 될지도 결정한다. 물론 사용하는 상호작용 방법 때문에 더 나은 사람이 될 수 있다고 말하는 것은 과장일 수 있으나, 종종 잘못된 대화방법을 선택해서 집단과 개인의 삶이 나빠지는 것도 사실이다. 반대로, 대화방법을 잘 선택하면 우리가 원래

창조된 모습으로 살아가기 더 쉽다.

결론인 7장에서는 이 책의 근간이 되는 가치와 전제를 요약하고, 제시된 대화방법이 왜 그렇게 혁신적일 수 있는지 기술한다. 그룹 대화에서 사용하는 방법이 개인과 그룹의 영성에 심오한 영향을 미친다는 생각에 이끌린다면, 7장에서부터 읽기를 시작할 수도 있다. 결과적으로 대화방법을 다른 관점에서 볼 수 있기 때문이다.

이 책에 대하여

이 책은 전문 진행facilitation에 대한 일반 안내서가 아니다. 일반적인 안내를 위해서는 훌륭한 자료들이 있다.참고문서 및 미주 참조 여기 있는 대부분이 일반적인 진행에 유용하지만, 우리는 특별히 어려운 상황에서의 진행을 위한 의미 있는 대화방법에 초점을 두고 있다.

여기에 제시된 대화방법을 사용하면 문제 해결이 보다 더 쉬워질 뿐만 아니라, 그 이상의 효과가 있다. 근본적인 변화를 일으키고, 사람들이 자기 자신과 서로를 보는 방법을 바꾸는 데 도움을 주며, 갈등을 일으키는 뿌리깊은 현실을 개선하고, 개인과 지역사회의 발전을 돕는다. 대화나 워크숍에 이런 대화방법을 사용하는 그룹은 치유, 용서 및 성장을 위한 놀라운 기회를 발견한다. 그리고 시간이 지나면서 자신감과 새로운 희망을 갖게 된다. 그들의 목표와 사명감은 커지고, 공동체로서 서로의 신뢰가 깊어진다.

이 책은 전문 진행자의 역할과 전문 진행자가 그룹 작업을 더 쉽게 하기 위해 사용할 수 있는 몇 가지 기법에 대한 기본 사항으로 시작된다. 그 다음 진행 도구의 기본이 되는 세 가지 도구를 소개한다. 나머지 도구들은 그룹으로 묶어, 그룹 프로세스의 네 단계와 각 단계에 대한 설명에서 다룬다.

- 시작 도구
- 정보 및 선택지 수집 도구
- 대화 도구
- 마무리 도구

이런 분류에 대해서 너무 융통성 없이 매일 필요는 없다. 각 장에는 그룹 작업의 여러 단계에서 사용할 수 있는 도구들이 있다. 정보 수집 및 분석을 위한 장에서 대화에 필요한 도구를 찾을 수 있다![1]

---

[1] 이러한 도구를 더 큰 대화 프로세스의 일부로 사용하려면, 데이비드 캠트와 리사 셔크의 『공동체를 세우는 대화기술』(대장간, 2020)을 참고하라.

2장. 기본 도구

어떤 대화방법은 너무 기본적인 것이라서, 모든 그룹의 리더에게 기본이 된다. 우리는 전문 진행자의 역할 및 전문 진행자가 그룹을 돕는 간단하지만 강력한 방법에서부터 시작하려고 한다. 그 후에는 모든 그룹 대화를 위한 기본적인 3가지 기법에 대해서 이야기할 것이다. 그것은 **서클 프로세스, 크고 작은 그룹 대화 인도법, 진행 위원회** 사용법이다.

전문 진행자의 역할

"퍼실리테이트facilitate"2) 라는 말은 라틴어 'facilis' 에서 온 말로, **쉽게 만든다**는 뜻이다. 전문 진행자는 그룹의 일이 보다 효과적이고 쉽게 작동하도록 돕되 대화 내용에는 관여하지 않는 사람이다. 이 단원에서는 그룹 안에서 중요한 목표를 성취할 수 있게 하는 전문 진행자의 기법에 대해 다룬다. 그 기법은 참여자가 서로의 말을 분명하게 듣고, 여러 목소리를 균형 잡으며, 다양한 생각

---

2) 이러한 전문 진행(facilitation) 기술을 연습하고자 한다면, 론 크레이빌의 *Group Facilitation: Skills to Facilitate Meetings and Training Exercises to Learn Them* 또는 리사 셔크와 데이비드 캠트의 『공동체를 세우는 대화기술』(대장간, 2020)을 참조하라. www.RiverhouseEpress.com에서도 확인할 수 있다.

속에서 공통의 의견을 발견하고, 격한 감정을 다루는 것을 포함한다. 이 기본적인 대화방법들은 대화모임 구성원에게 놀랄 만한 새로운 경험과 예상치 못한 성공을 제공한다. 시간이 지나면서 그룹이 함께 작업할 수 있는 능력에 대한 자신감을 키울 수 있도록 도와준다.3)

다음은 전문 진행자의 다섯 가지 기능이다.

1.참여자가 서로 경청하도록 해준다.

그룹 대화모임에서 말하고 듣는 것은 심장과 같은 역할을 한다. 하지만, 우리의 다른 배경, 경험, 기질, 스타일이 혼란을 가져온다. 전문 진행자는 사람들이 한 말을 **바꿔 말하기**paraphrasing**와 이끌어내는 질문**을 통해 참여자가 더 명확하게 표현하고, 더 잘 들을 수 있도록 돕는다.

바꿔 말하기: 바꿔 말하기는 다른 사람이 말한 내용을 들은 사람이 이해한 대로 자기 말로 다시 말하는 것이다. 바꿔 말하기는 보통 말하는 사람이 말한 것보다 짧게 표현한다. 판단하거나, 평가하는 말은 일절 하지 않는다. 예를 들어보자.

말하는 이: "저는 그 사람들이 저 모르게, 관리자에게 몰래

---

3) 서클 프로세스에 대해서는 케이 프라니스, 『서클 프로세스』 (대장간, 2018)를 참고하라.

갔었다는 것을 알았을 때 정말 화가 났어요. 왜 그냥 저에게 와서 이야기하고 바로잡을 기회를 주지 않았을까요?"

바꿔 말하기: "그 사람들이 문제 해결을 위해 당신을 직접 찾아 가지 않아서 상처를 받았군요."

초점은 말하는 사람의 말에 있지, 돌려주는 사람에게 있지 않다. 예를 들면 다음과 같다.

"당신은 …하게 느끼셨군요."
"그래서 당신은 …라고 이해하셨군요."

절대로 하지 말아야 할 표현은 다음과 같다.

"정확하게 당신의 감정을 알아요. 저도 그런 적 있거든요."

전문 진행자는 바꿔 말하기를 사용하여 말하는 사람의 말을 요약하고, 길고 반복되는 말을 분명히 하며, 여러 문제가 얽힌 문장을 확실히 하는 데 도움을 줄 수 있다. 예를 들어보자.

"저는 당신의 이야기에서 두 가지를 들었습니다. 하나는 …이고, 다른 하나는 …입니다. 이것이 맞나요?"

바꿔 말하기는 듣는 사람에게 내용을 명확히 전달하는 것만큼이나 중요하게, 도움이 되는 감정적 분위기를 만들어서 말하는 사람에게 안정감을 준다. 좋은 바꿔 말하기는 "누군가 듣고 있구나!" 하는 마음을 느끼게 한다. 이런 바꿔 말하기를 통해서 말하는 사람은 종종 더 깊게, 더 분명하게 말하게 되고, 만족하게 되며, 다른 사람의 말을 경청할 준비가 된다.

질문으로 이끌어 내기: 전문 진행자는 열린 질문을 통해서, 말하는 사람이 명확하고 구체적으로 말하도록 도우며, 그래서 더 쉽게 이해되도록 한다.

"말씀하신 것의 구체적인 사례를 하나 말씀해 주시겠어요?"

"그것에 대한 이유를 좀 더 이해할 수 있게 도와주세요. 더 이야기/설명해 주세요"

종종 이끌어내는 질문 뒤에 바꿔 말하기가 따라온다.

"…라고 말씀하신 것 같은데요. 그것에 대해서 더 말씀해 주실 수 있을까요?"

2. 참여에 균형을 잡는다.

그룹 대부분에서 어떤 사람은 목소리를 크게 내는 반면, 어떤 사람은 말을 거의 하지 않거나, 전혀 하지 않는다. 어떤 사람은 선천적으로 말이 없다. 하지만 때로는 비판을 두려워하거나, 다수가 주장하는 지배적 관점에 동의하지 않아서 말이 없는 경우도 있다. 말이 없는 사람이 잘 참여할 수 있도록 포용하고 다양한 견해를 격려함으로써, 전문 진행자는 모두가 대화에 편안하게 참여할 수 있는 공간을 만든다.

모두를 참여시키기: 때로는 말이 없는 참여자가 발언할 수 있도록 직접 초대하거나, 대화를 잠시 멈추는 것으로도 충분할 때가 있다. 대화의 균형을 관찰하고, 다른 사람들에게 양해를 구하라.

각 사람의 대화 참여 정도를 관찰한 후에 잠시 대화를 중단하고, 참여를 요청할 수 있다.

"모인 분들 중에 절반 정도 말씀하셨는데요. 나머지 분들
은 어떻게 생각하십니까?"

"이제 아직 말씀하지 않은 분들의 이야기를 들어봅시다."

다른 관점을 환영하기: 때로 갈등을 피하려는 그룹 안에서는 토론이 한 가지 관점에만 갇힐 때가 있다. 그 관점을 지지하는 사람

은 더 목소리를 높이고, 동의하지 않는 사람은 침묵을 지키게 된다. 전문 진행자는 의도적으로 다른 의견의 여지를 남기는 질문을 하여 균형을 맞출 수 있다.

> "우리는 몇몇 분이 이 의견에 대해 강력히 표현하시는 것을 들었습니다. 혹시 다른 분들은 이 의견에 대해서 어떻게 생각하세요?"

> "이 의견에 동의하시는 많은 분의 이야기를 들었습니다. 혹시 이 의견에 반대하시는 분들이 계실까요?"

> "다른 분들은 어떻게 생각하시나요?"

3. 대화가 길을 찾고 유지하도록 지원한다.

전문 진행자 없이는 그룹 토론이 헤매기 쉽다. 대화는 한 사람의 관심사와 생각에서 다른 사람의 것으로 흘러가는데, 대화가 두서없이 흘러가는 것을 막기 위해 전문 진행자는 대화 진행 목록을 작성해서 그룹이 논의에 집중할 수 있게 한다. 연극의 해설자처럼, 어떤 일이 진행되고 있고, 앞으로 무슨 일이 진행될지 대화에 참여하는 사람들이 알 수 있도록 한다. 주기적으로, 전문 진행자는 논의한 내용, 구체적으로는 의견이 일치하는 지점과 일치하지 않는 지점을 **요약하고**, 논의사항의 범위를 제시한다. 전문 진행자는 토론을 **단계적으로** 진행하여, 그룹이 한 번에 한 가지에 집중할 수 있도록 한다.

공동의 진술 요약하기: 전문 진행자는 한 가지 진술 또는 그룹 내 사람들의 연결된 진술을 요약한다. 요약하기는 말하는 사람에게 자기 이야기가 잘 전달되었다는 확신을 주고, 듣는 사람이 논의의 초점을 잘 따라갈 수 있도록 돕는다. 요약하기는 바꿔 말하기와 비슷하지만 더 많은 내용을 다룬다.

합의사항 요약하기: 특히 주제가 혼란스럽고 복잡할 때는 그룹이 서로 동의하는 바를 명확히 알아차리도록 하는 것이 도움이 된다. 내용, 과정, 가치, 합의된 원칙 같은 일련의 합의사항은 논의의 기초가 될 수 있다. 전문 진행자에게는 합의의 중점을 듣는 좋은 귀와 그것을 명확하게 표현하는 언어구사 능력이 중요하다.

"이전의 시설이 더는 적합하지 않다는 것에 모두 동의하시는 것 같습니다. 이제, 이 문제를 어떻게 해결할 수 있을지 그 방법을 한 번에 하나씩 생각해 보면 좋겠습니다." 내용에 대한 합의사항 요약

"추가 논의를 위해 다음 주에 회의가 필요하다는 점에 모두 동의하신 것 같습니다." 절차에 대한 합의사항 요약

어떤 새로운 시설을 지어야 할지에 대한 다양한 아이디어가 있습니다. 하지만 할당된 예산 내에서 폭넓게 협의하고, 현명하게 돈을 쓰는 것이 중요하다는 강한 공감대가 형성된 것 같습니다. 제가 맞게 듣고 있나요?"기본 원칙 또는 가치에 대한 합의사항 요약

이견(disagreements) 요약하기: 전문 진행자가 편안하게, 사실에 입각하여 이견을 인정하고 요약해 주면, 참여자가 긴장을 풀고 더 건설적으로 기여할 수 있다. 예를 들면 다음과 같다.

"여기에 두 가지 주된 관점이 있는 것 같습니다. …"

대화 과정의 단계별 진행: 그룹 내의 문제 해결이나 의사 결정 과정은 일반적으로 다른 많은 활동을 동반한다. 경청과 감정 인정하기, 필요를 알아차리고 지원하기, 문제 정의하기, 합의점을 찾고 명료하게 하기, 창의적인 해결책 개발하기, 가능한 대안을 평가하기, 구속력 있는 결정 내리기, 세부 실천사항 산출하기 등이다.

사람마다 이러한 활동의 우선순위가 다른 것이 일반적이다. 따라서 이러한 활동을 단계적으로 진행하지 않는 한, 그룹은 종종 몇 가지를 한 번에 하려고 한다. 참여자의 동의를 얻어 한 번에 하나의 활동을 하는 것이 그룹에 안정감과 질서를 만든다.

구속력 있는 최종 결정을 내리는 활동과 다른 활동을 명확하게 분리하는 것은 특히 중요하다. 언제든지 최종 결정이 내려질 수 있

다고 생각하면, 사람들은 자주 신경이 곤두서고 흥분한다. 반면에, "이것은 문제를 모든 측면에서 고려하는 과정이다"는 것을 알면 서로 더 편안해지고, 더 경청할 수 있다.

4. 감정의 톤을 알아차리고 조절한다.

어려운 주제에는 감정이 격하게 동요하게 한다. 따라서, 그룹은 함께 이를 직시하고 극복할 수 있는 능력을 개발해야 한다. 전문 진행자는 **침착하게 경청하고, 알아차리고, 질문하는 모범을 보임**으로써, 그룹이 갈등을 헤쳐 나갈 때 일어나는 열기를 서로 인정하고 받아들이도록 돕는다.

침착하게 듣는 본보기 보이기: 전문 진행자가 할 수 있는 가장 기본적이고 도움되는 일은 모두의 이야기를 똑같이 차분히 듣는 것이다. 누군가가 도전적이거나 감정을 도발하는 식으로 말할 때도 마찬가지다.

여기서 바꿔 말하기가 큰 도움이 된다. 감정적 진술에는 종종 그룹이 들어야 하는 정보나 관점이 숨어 있다. 전문 진행자는 발언 속의 공격이나 과장을 제거하고 바꿔 말하기로 다시 표현하여, 방어적으로 듣지 않는 법과 다른사람에게 들리게 말하는 법을 그룹이 익히게 한다.

알아차리고, 질문하기: 전문 진행자인 당신이 토론에 감정적 반응이 생기거나, 모임 안에서 그러한 감정적 반응을 알아차렸다면, 다른 사람도 그럴 가능성이 있다. 자신의 반응과 관찰을 지침으로 삼고, 질문하는 법을 배우라.

그렇게 하면, 사람들이 자기가 경험하고 있는 감정을 안전하게 알아차리는 데 도움이 되며, 종종 "진짜 생각"을 말할 수 있는 공간을 열어준다. 또한 다른 사람들과 함께 인식과 가정assumption을 확인하는 본보기가 된다. 예를 들어보자.

> "많은 분이 뒤로 기대서 팔짱을 끼고 계시는데요. 이 논의
> 가 지루하거나, 절망스러우신가요?"
> "논의를 진행하는 과정에서 제 가슴이 답답해지는 것을 느
> 끼는데, 다른 분들도 답답하고 화가 나시나요?"

5. 그룹의 자신감을 쌓는다.

여기에서 논의한 대화법들은 그룹이 자신감을 개발하고 유지하는 데 도움된다. 서로의 말에 경청하고, 동의하는 부분과 아닌 부분을 발견하고, 감정을 편안하게 표현하고 또 듣는 법을 배우면서, 사람들은 참으로 함께 할 수 있다는 느낌을 받기 시작한다.

전문 진행자의 과제는 지침을 제공하는 것과 그룹이 스스로 그들의 원칙과 방향을 잡을 수 있도록 권한을 부여하는 것 사이에서 적절한 균형을 유지하는 것이다. 언제 과정을 긴밀하게 관리해야 하는가? 긴장을 풀고, 예상치 못한 과정을 따라가야 하는 때는 언

제인가? 적절한 균형은 그룹마다, 때마다 다르다. 연습, 직관, 시행착오가 모두 적절한 개입과 적절한 방임의 균형을 찾는 데 도움이 된다. 당신은 실수를 통해서 배우게 될 것이다. 이 필연성을 받아들이면, 긴장을 풀고 찾고자 하는 균형을 더 쉽게 찾을 수 있다.

서클 프로세스(Circle Process)

모든 그룹을 위한 가장 오래되고 간단한 방법은 서클 프로세스서클 대화다. 협의회council, 또는 돌아가며 말하기go-around라고 부르기도 하는 서클 프로세스의 다양한 형태는 전 세계 문화 곳곳에서 나타난다.4)

그룹이 원으로 앉고, 인도자 혹은 '서클 지킴이circle keeper'가 전체의 초점을 모으는 질문이나 주제를 말한다. 그런 다음 인도자는 '토킹 피스talking piece'를 다음 말하는 사람에게 전달한다. 돌, 깃털, 크리스탈, 막대기 또는 조각된 나무 조각, 심지어 펜처럼 잡기 쉬운 물건이라면, 무엇이든 토킹 피스로 사용할 수 있다. 말하는 사람은 다른 이들이 완전한 침묵으로 경청하는 동안 전체에게 말한다. 발언이 끝나면 다음 사람에게 토킹 피스를 넘기며, 말할 기회를 넘긴다. 대부분은 발언하지만, 한두 사람은 '통과pass'할 수 있다. 그리고 다시 인도자에게 토킹 피스가 돌아간다.

---

4) 서클 프로세스에 대해서는 케이 프라니스, 『서클 프로세스』(대장간, 2018)를 참고하라.

절차: 모임의 목적을 소개한다. 모임 주제와 서클 대화방법을 전달한다. 예를 들어 다음과 같다.

> "오늘 우리는 우리 공동체 내의 마약 판매에 대한 이야기를 하게 될 것입니다. 이 문제에 대한 여러분 모두의 생각과 의견을 돌아가며 듣고자 합니다."

서클에서 지켜야 할 기본 규칙을 설명한다. 다음은 예시이다.
- 토킹 피스를 가지고 있는 사람만 말합니다.
- 말할 때나 들을 때, 존중하는 마음으로 임합니다.
- 시간 사용을 공정하게 합니다.
- 자신에게 관대하십시오. 말하고 싶지 않다면 "통과"할 수 있습니다.

이런 네 가지 기본 원칙은 서클 프로세스에서 가장 일반적으로 사용되는 것이다. 어떤 전문 진행자는 나 중심 진술어I-statement로 말하기를 제안하기도 한다. 또한 대답할 내용을 머릿속으로 생각하기 보다는 말하는 사람에게 집중하고 경청하기를 요청한다.

서클 지킴이는 종종 다음과 같은 주제를 제안한다. 예를 들면, 다음과 같다.
- 오늘 아침 세션이 끝난 후, 기분이 어떤지 몇 문장으로 설명해 주세요.

- [토론 주제]와 관련하여 내가 바라는 점은 무엇인가요?
- [주제]와 관련해 내가 바라는 한 가지와 두려운 한 가지는 무엇인가요?
- 이 회의/워크숍에서 내가 특별히 우려하는 점은 무엇인가요?

처음으로 서클 대화를 접한 그룹에서는 전문 진행자가 가장 먼저 말하고 모델이 되는 것이 좋다. 참여자에게 요청한 것을 먼저 시범을 보이라. 예를 들어, 간략히 말하도록 요청했다면 전문 진행자가 먼저 간단히 말하는 시범을 보이고, 나 중심 진술어로 말하기를 요청했다면 전문 진행자가 먼저 분명하게 나 중심 진술어로 자기 생각이나 감정을 이야기하라.

그런 다음 서클 지킴이는 토킹 피스를 첫 번째로 말하는 사람에게 건네고, 토킹 피스를 가진 사람은 선택한 주제에 대해 말한다. 서클원을 따라 한 사람씩 다음 차례로 토킹 피스가 돌아간다. 누구라도 "통과"를 말하면 다음 사람에게 토킹 피스를 건넨다. 만약 시간이 부족하고, 말을 장황하게 하는 사람이 있다면, 타임 키퍼를 정해서 운용할 수 있다.

서클 프로세스는 몇 라운드를 돌 수 있다. 종종 두세 번째 라운드에서 첫 라운드보다 더 깊이 들어가게 된다. 만약 인도자가 첫 라운드뿐만 아니라, 그 이후의 모든 라운드에서 구체적인 주제나 질문을 제안한다면, 더 깊은 부분에 초점을 맞출 수 있다. 예를 들면,

다음과 같다.

첫번째 라운드: 논의 중인 문제에 대한 나의 견해

두번째 라운드: 이 문제에 관해 내가 가진 두려움

세번째 라운드 이 상황에 대한 나의 바람

장점: 서클은 쉽게 준비하고, 쉽게 실행할 수 있다. 간단한 서클을 진행하기 위해 선행 경험이 필요하지는 않지만, 갈등이 많거나 충격적인 문제에 대해서는 훈련이 필요하다. 서클 프로세스는 견고한 구조이므로, 분위기가 험악해질 가능성이 작다. 특히 다양한 의견을 표현하는 데 도움이 된다.

서클 프로세스는 그룹이 갈등을 극복하는 데 필수적인 특성, 즉 열린 나눔, 진솔한 증언, 다양한 견해를 위한 공간, 서로에게서 배우려는 의지를 기본으로 한다. 서클 프로세스의 본질은 평등과 공동체성wholeness이다. 서클에서는 구성원 모두가 동등하게 앉는다. 모든 구성원은 자기를 표현할 수 있는 동일한 기회를 갖는다. 참여자 모두가 동등한 관심과 존중을 가지고 경청한다. 즉각적인 반응이 제한되어 있기 때문에 대화는 일반적인 "팝콘" 토론팝콘이 터지듯이 순간순간 대화 참여자들이 무작위로 생각나는 바를 말하는 토론, 역자주이나 논쟁보다 더 사려 깊다.

유의사항: 단순한 의견청취 이상으로 서클 프로세스를 사용할 때는 상당한 시간이 소요된다는 사실을 염두에 두어야 한다. 서클

프로세스로 토론을 계속하는 것이 어려울 수 있는데, 사람들이 때로 자기 의견을 말하기보다 다른 여러 발언자의 발언에 응답하기 때문이다. 서클 프로세스 그 자체로는 합의 도출이 어려울 수 있다. 그 누구도 합의를 만들고 그룹과 함께 의견을 검토하도록 초대받은 것이 아니기 때문이다. 하지만, 서클 지킴이나 전문 진행자는 다음 라운드의 주제가 "합의를 위한 제안"이 될 것이라고 안내할 수 있다. 또는 서클 지킴이가 합의를 위해 의견을 제안하고, 다음 라운드에서 다른 사람들이 제안에 응답하도록 초대할 수도 있다.

어떤 사람들은 토킹 피스 사용을 불편해 할 수 있는데, 익숙하지 않거나 너무 형식적으로 보이기 때문이다. 토킹 피스를 사용하는 것이 그룹에 도움이 될지 방해가 될지 전문 진행자가 최선의 판단을 하라.

후속 작업: 서클 프로세스는 주제에 쉽게 접근할 수 있는 훌륭한 첫 번째 도구다. 많은 시간을 들이지 않고 결정을 내리려면, 자유로운 토론, 투표 또는 차후 투표를 위한 추천안을 가져올 하위 그룹 지정과 같은 다른 작업이 뒤따라야 한다.

소그룹과 대그룹 간의 상호 연계 토론

대그룹에서 소그룹으로 원활하게 오갈 수 있는 능력은 전문 진행자에게 중요한 역량이다. 이미 많은 사람이 소그룹 및 대그룹을 인도하는 능력이 있다. 그러나 한 그룹에서 다른 그룹으로 전환하는 법을 아는 경우는 흔하지 않다.

왜 소그룹인가?

사람들은 그냥 말하는 것이 필요할 때가 있다. 사람들이 어떤 주제에 대해 흥분하거나 걱정하거나 갈등할 때, 그것을 털어놓게 하고 들어주는 것이 도움이 된다. 또한 큰 그룹보다는 소규모 그룹이 친밀감이 있어서, 더 온전히 경청한다고 느끼도록 돕는다.

그룹은 때로 문제를 분석하거나, 아이디어를 다듬거나, 전략 계획의 까다로운 핵심을 다루어야 한다. 이를 위해서는 3~6명으로 구성된 팀이 가장 적합하다. 소그룹으로 나누어, 각 그룹에 동일한 문제를 주고 자체 해결책을 찾게 하거나, 그룹별로 문제의 각기 다른 부분에 대한 역할을 부여하여 서클을 한 다음, 다시 전체로 모여 결과를 공유함으로써 많은 영역을 빠르게 다룰 수 있다.

때로는 그저 일어나서, 좌석을 재배치하고, 다른 사람들과 상호작용하는 식으로 에너지의 전환이 필요할 때도 있다. 점심 식사 후 사람들이 졸릴 때, 어려운 주제가 시작될 때, 사람들이 조심스러워 할 때, 대규모 그룹 대화가 무겁고 방향이 없거나 정체된 것처럼 느껴지기 시작할 때, 이럴 때가 소그룹을 사용하기 좋을 때이다.

대그룹 토론을 멈추고 소그룹으로 들어가야 할 때

- 대그룹에서 주요 질문에 사람들의 반응이 미진하고 느릴 때

- 대그룹에서 논의가 길어지고, 특히 일부 사람들만 이야기할 때

- 대그룹에서 공개적으로 말하는 것을 두려워 하는 것처럼 보일 때

- 논의가 중단되거나 교착 상태에 빠진 것처럼 보일 때

- 새롭거나 중요한 문제가 나타나서 논의할 필요가 있을 때

- 새로운 관점이나 생각이 필요할 때

- 대그룹에서 상황이 어려워질 때마다

소그룹 사용절차: 목적에 따라 그룹을 2~8명의 소그룹으로 나누고 토론할 내용이 무엇인지, 전체 그룹에 발표하기 위해 준비할 내용이 무엇인지 알려준다.

참여자가 그룹으로 모이면, 지침을 이해했는지 확인한다. 지침을 한 번 이상 반복해서 안내하고 모든 사람이 볼 수 있는 곳에 적어 두는 것이 도움이 된다.

혼합 그룹인가, 선호 그룹인가?

혼합 그룹이 주는 다양성은 사람들을 확장하고, 도전한다. 선호 그룹에는 자신과 비슷한 성향의 사람들이 모여 있어서 안정감과 자신감을 얻을 수 있다.

혼합 그룹은 긴장이 그다지 높지 않아 다른 견해를 가진 사람과 소통하기 어렵지 않은 거의 모든 환경에서 선호된다. 다음은 혼합

그룹을 형성하는 몇 가지 빠른 방법이다.

- 가장 빠르고 쉬운 방법은 자기 주변에 있는 두세 사람과 대화를 나누는 것이다. 하지만 사람들은 가장 편한 사람 옆에 앉는 경향이 있어서 이 방법은 진정한 다양성을 창출하는 데에는 한계가 있다.
- 같은 색상의 신발셔츠, 스웨터, 머리카락, 눈 등을 가진 사람들과 함께 그룹을 이루게 한다.
- 번호를 매긴다. 30명이 있고 각 그룹에 6명이 필요하다면, 5개의 그룹이 필요하므로 각 사람에게 1부터 5까지 번호를 부여한다. 모임 공간 안에 그룹별로 모일 수 있도록 장소를 지정한다.

혼합 그룹은 일반적으로, 합의에 도달하기보다는 단순히 다양한 견해를 듣거나 관점을 명확히 해야 할 때 사용하는 것이 좋다. 의견이 강하게 대립하고 숙련된 전문 진행자가 없을 때, 서클 프로세스는 절차를 명확히 제공하고, 갈등을 일으키지 않는 훌륭한 도구다. 다른 방법으로는, 토론 주제와 관련된 작은 설문지를 만들 수도 있다. 사람들에게 응답을 작성하게 하고, 그 내용을 소그룹의 다른 사람들과 공유하도록 요청한다. 그런 다음 각 그룹은 구성원들이 어디에 동의했는지, 어떤 부분에서 의견이 달랐는지에 대한 의견을 모아서 요약 보고서를 준비한다.

선호 그룹은 보통 비슷한 관점을 가진 사람들이 모인 것이다. 사람들이 소심해서 말하기 어려워할 때, 감정적으로 격양되어 있을 때, 또는 문제가 상당히 명확하게 정의되어 있으나 해결을 위한 제안을 하기 전에 이에 동의하는 사람들과 함께 확인해야 하는 토론 단계에서 사용하는 것이 좋다.

선호 그룹 형성하는 법:

- 자기 의견을 편하게 공유할 수 있는 사람들과 함께 그룹을 형성하도록 사람들을 초대한다.
- 구성원에 대해서 알고 있는 사전 지식을 기반으로 그룹을 구성한다.
- 누가 어느 위치에 서 있는지 빠르고 쉽게 식별하는 갈등 스펙트럼5장 참조을 사용한다. 사람들이 스펙트럼을 따라 자리를 잡으면, 가장 가까이 서 있는 5~6명의 사람들과 그룹을 이루게 한다.
- 다른 사람과의 대화 준비를 위해 선호 그룹에 다음 과제를 부여할 수 있다.
- 특별히 걱정되는 사항을 나열한다.
- 이 조직이나 상황을 표현하는 탈 것버스, 기차, 자동차, 아스팔트 포장차 등을 그린 후에, 그 안에 그룹 사람들을 그려 넣는다. 운전자, 내비게이션, 연료, 엔진, 방향 등의 세부사항을 포함한다.

- 상호 인식에 대한 대화를 준비한다. 각 그룹은 다음의 분류에 따라 목록을 작성한다.

  1. 상대방을 묘사한다고 생각하는 형용사
  2. 상대방이 나를 묘사할 때 사용할 것 같은 형용사
  3. 나에 대한 상대방의 인상에 나와 같은 견해를 가진 사람들이 영향을 미쳤을 만한 일

선호 그룹이 이 과제를 끝냈다면, 다음 단계는 보통 이것을 대그룹으로 가져와 신중하게 토론을 진행하면서 각 그룹이 요약, 발표하는 것이다. 아니면 그룹별로 누군가가 위원회나 기타 의사 결정체에 보고할 수도 있다. 또는 핵심 그룹이 대화하고 다른 그룹은 묵묵히 듣는 사모안 서클을 구성할 수도 있다. 핵심 그룹에는 각 선호 그룹의 보고자가 .사모안 서클에 대한 자세한 내용은 5장 참조. 이 시나리오에서는 사모안 서클 참여자에게 토론 문제를 보고한 후, 다른 사람들이 경청하는 동안 합의를 위한 이야기를 나눌 것을 요청할 수 있다.

소그룹을 다시 대그룹으로 연결하기

소그룹이 정해진 시간을 사용한 후에는 대그룹으로 돌아가서 다시 연결한다. 시간이 된다면, 최소한 몇 사람이라도 소그룹에서 얻은 통찰, 배움 또는 도전을 나누게 한다. 다음은 소그룹 경험을 대그룹과 연결하는 몇 가지 세부적인 방법이다.

보고자를 정해 각 소그룹의 핵심 사항을 요약하게 하라. 포괄

적이기는 하지만 시간이 많이 걸릴 수도 있다. 보고자가 너무 자세하게 설명하면 그룹 에너지가 흩어지고, 에너지를 다시 일으키는 것은 쉽지 않다. 타임 키퍼를 통해 보고자가 간결하게 보고하도록 조절하거나, 2~3개의 핵심 사항만 보고하도록 제한한다.

- 보고자를 어항대화서클Fishbowl이나 사모안 서클로 앉게 하고, 그들 그룹에서 논의된 이야기를 기반으로 논의하게 한다 어항 대화법이나 사모안 서클에 대해서는 5장 참고.

- "갤러리 투어"Gallery Tour, 대화 공간을 전시장으로 간주하고 각 그룹이 게시한 의견을 돌아보는 일, 역자주를 이용하라. 각 소그룹이 토의한 내용을 요약해 종이에 써서 벽에 붙인다. 모두가 돌아다니면서 내용을 자세히 들여다보게 하거나 몇몇 사람에게 자기가 작성한 것을 발표하도록 초대한다.

- 여러 회의가 진행되는 경우, 각 소그룹 보고자는 대화 내용을 요약하여 전문 진행자에게 이메일을 보내고, 전문 진행자는 이를 취합해서 모두에게 이메일로 전달할 수도 있다.

- 실시간 보고를 위해서는 회의실에서 갈등 스펙트럼5장을 스케치하고 사람들이 모이도록 초대한다. 스펙트럼의 양쪽을 '매우 동의함'과 '매우 동의하지 않음'으로 정한다. 보고가 진행될 때, 사람들이 스펙트럼 사이를 왔다 갔다 하면서 듣고 있는 내용에 대한 개인적인 반응을 보여줄 수 있도록 초대한다.

진행 위원회 Process Committee

진행 위원회는 자문 또는 참고 위원회라고도 하는데, 당신이 함께 작업하는 그룹의 다양한 사람으로 구성된다. 진행 위원회 임명은 전문 진행자가 그룹 작업으로 변화를 이끌어 내는 데 사용할 수 있는 가장 효과적인 도구 중 하나다. 진행 위원회의 임무는 전문 진행자가 고려 중인 전략과 단계에 대해 공청회 역할을 하고, 진행 상황에 대한 피드백을 제공하며, 진행시 발생하는 불가피한 실수에서 회복하도록 돕는 것이다.

진행자는 때로 멀리 떨어져 있거나 잘 모르는 그룹과 작업한다. 진행 위원회는 신뢰를 구축하고 방향을 잡는 데 특히 중요하다. 당신은 전문 진행자로서, 첫 번째 회의에 앞서 진행 위원회의 각 구성원과 30분 정도 전화 통화를 할 수도 있다. 사려 깊은 질문과 좋은 경청 능력은 진행 위원회 구성원의 신뢰를 얻는다. 사려 깊은 질문은 다음과 같다. 당신이 볼 때 무엇이 문제입니까? 핵심 인물은 누구입니까? 이 일에 참여하는 것에 대해 저에게 어떤 조언을 하시겠습니까? 친구와 이야기하고 싶어하는 자연스러운 본능이 주변에 이 이야기를 나누고 전파해서 좋은 효과를 발휘할 것이며, 진행자가 상황에 쉽게 참여할 수 있게 한다. 도착하자마자 진행 위원회를 만나 관계를 확고히 하라.

절차: 진행 중인 토론의 다양한 의견을 대표하는 그룹을 하나 지정한다. 해당 그룹은 3~8명 정도로 구성한다. 전문 진행자로서

진행 과정을 계획하는 동안, 기간에 따라 여러 번 이 그룹을 만나고, 모임 마지막 단계에서도 만나라.

진행 위원회 지정이 가장 어려운 부분이다. 이 위원회가 전체 공동체의 다양한 구성원과 잘 연결되는 것이 핵심이다. 교육이나 훈련 워크숍, 위험이 낮은 진행 환경에서는 자원봉사자로 위원회를 구성할 수 있다. 그러나 갈등 상황이거나 중대한 의사 결정 상황일 때는 위원회 선정 과정을 좀 더 공식적으로 진행하라. 진행 위원회의 신뢰성을 확보하기 위해서 관련 그룹에서 위원을 **임명**하도록 요청하라. 대표자를 선정할 때, 각 그룹에 다음 원칙을 제안하라. 어떤 그룹을 **대표**하든 그 그룹과 잘 연결되어 있는 대표자를 선택하라. 또한, 선정된 대표자가 다른 그룹의 사람들에게도 그 지혜와 공정성을 널리 인정받는 사람인지 확인하라.

위원회가 함께 모여 작업을 시작하면서 펼쳐지는 역동성을 지켜보는 것은 놀랍다. 위원회가 잘 선정되면, 진행 위원회 구성원은 서로의 다름 속에서도 특별함을 지닌 이들이다. 그들은 모두를 위한 길을 찾으려 협력해야 한다는 책임을 절실히 느낄 것이다. 그들이 오랜 기간 전문 진행자와 함께 일하면, 공동의 목적을 이루고자 하는 갈망이 더 깊어진다.

장점: 교육이나 대화 진행 시, 진행 위원회는 심각한 오류로부터 전문 진행자를 구하고, 예측할 수 없던 오류에서 회복하게 하는 데 도움이 된다. 이는 모든 과정이나 워크숍에서 훌륭한 자원이다.

전략이나 주제에 관해 빠른 결정을 내려야 하는가? 잠시 휴식을 요청하고, 다른 사람들이 스트레칭을 하는 동안 진행 위원회를 모으라! 심각한 갈등 상황에서 진행 위원회는 분쟁 속 화해를 위한 교두보 역할을 하기도 한다. 구성원이 서로 존중하고 신뢰하게 되면, 그들은 그룹 전체를 변화시키는 강력한 핵심요소가 된다.

유의사항: 모임 중간에 진행 위원회를 소집하는 것은 전문 진행자의 휴식 시간과 에너지를 사용한다. 만약 며칠씩 지속되는 일정이라면, 전문 진행자를 위한 휴식 공간을 미리 마련해 두는 것이 필요하다. 상황이 되기만 한다면, 두 명이 공동 진행자로 있는 것이 매우 좋다. 이 때 한 사람은 진행 위원회와 만나고, 다른 한 사람은 휴식을 취하거나 계획을 세울 수 있다.

후속 작업: 과정이 끝나면, 변화의 가장 중요한 길인 성찰 기회를 놓치지 말라. 전체 그룹이 참석했을 때 진행 위원회를 소집하고 다음과 같은 성찰을 요청하라. 이 경험을 통해 우리는 무엇을 배웠습니까? 기회가 생긴다면, 무엇을 다르게 시행하겠습니까? 우리는 어떤 새로운 능력을 발견했거나 개발했습니까? 어떤 후속 조치가 이루어져야 합니까? 이 토론은 그 보상이 클 것이다.

3장. 시작 도구

전환 연습으로 회의를 시작하면, 사람들이 이전에 하던 일을 뒤로하고, 공통의 목적을 위해 함께 모이는 데 도움이 된다.

이 장에서는 모임 시작을 위한 서클 프로세스의 세 가지 변형 방법인 **여는 서클, 서클 체크인, 서클 활성화**를 제안한다. 서클로 시작하는 것은 모두가 동시에 문제를 마주하도록 도와준다. 어떤 사람에게는 대화모임 초반에 말할 수 있었던 기회가 나중에 자기 의견을 말하는 워밍업이 될 수도 있다. 서클이 만들어내는 존중하 며 듣는 분위기는 그룹의 중심을 잡아주고, 추후에 있을 더 도전적 인 교류를 준비한다.

짐 내려놓기는 대화를 방해할 수 있는 걱정을 의식적으로 내려 놓도록 도우며 모임을 여는 장치다.

여는 서클

자기와 다른 사람에게 무엇이 중요한지 알 수 있도록 서클을 사용하여 대화의 공간을 열어보라.

절차: 기본 서클 프로세스2장를 사용하여, 사람들을 그룹으로

초대하는 열린 질문을 사용한다.

"오늘 무슨 일로 여기까지 오셨습니까?"
"이 대화 주제는 당신에게 어떤 의미입니까?"

정기적으로 만나는 그룹을 위해서는 다음과 같이 질문할 수 있다.

"지난 회의 이후로 당신에게 어떤 일이 일어났습니까?
"새롭고 좋게 느낀 부분은 무엇입니까?"
"이 그룹/공동체의 어떤 점을 중요하게 생각합니까?"

장점: 서클 대화는 사람들을 서로 연결하고 다양한 관심사를 연결하는 데 도움이 된다. 서클을 시작하는 그룹의 기본 가치에 대한 인식을 가지고 대화를 시작하면, 더 깊고 어려운 작업을 수행하기 위한 좋은 기초가 마련된다.

유의사항: 모든 서클 프로세스와 마찬가지로 이 대화는 시간이 많이 걸릴 수 있으며, 시간 관리에 특별한 노력이 필요할 수도 있다. 타임 키퍼 사용을 고려해 보라.

서클 체크인: 세 가지 감정 언어

시간이 한정된 회의를 열거나 휴식 후 빠르게 다시 시작할 때, 서클 프로세스에서 이 변형을 사용한다.

절차: 기본 서클 프로세스를 사용하여 사람들에게 자기 감정을 설명하는 세 단어를 말하도록 한다. 예를 들어 다음과 같다. "활력이 넘치다, 불안하다, 촉각을 세우다" 또는 "호기심이 많다, 불확실하다, 졸리다." 전문 진행자가 먼저 시범을 보인 후에, 다른 참여자도 같은 형식으로 말하도록 초대한다.

장점: 이런 빠른 오프닝은 모든 사람이 자기 인식에 귀 기울이는 것으로 모임을 시작하도록 초대한다. 이런 시작은 공간 안의 다양한 감정에 대한 짤막한 이해를 제공한다.

유의사항: 깊은 감정이나 강력한 의견을 표현하고 싶은 사람들에게는 이 과정이 피상적이거나 제한적으로 느껴질 수 있다. 따라서, 이것은 시작 단계일 뿐이며 사람들이 발언할 수 있는 마지막 기회가 아니라는 점을 분명히 한다.

후속 작업: 이 대화방법은 소그룹 논의, 사모안 서클 같은 긴 대화 전에 할 수 있으며, 열린 대화를 시작할 때에도 좋은 방법이다.

서클 활성화: 소리와 움직임

참여자들은 원을 그리며 일어서서, 말 대신 소리와 움직임을 사용하여 자신의 감정을 몸짓으로 표현한다. 회의를 시작하거나 피곤한 회의에 활력을 불어넣을 때 사용한다.

절차: 기꺼이 일어서서 할 수 있는 사람에게 의향을 물어보는 것으로 시작한다. 서 있기 어려운 사람들은 앉아서 자유롭게 움직인다. 각 사람에게 현재 자기 감정을 소리와 움직임을 통해 전달하도록 요청한다. 그런 다음 나머지 사람들은 소리와 움직임을 그 사람에게 다시 반영하여 돌려준다. 전문 진행자가 먼저 시범을 보인 다음, 한 명씩 돌아가며 진행한다.

장점: 이 활동은 몸에 활력을 불어넣고, 움직이게 한다. 종종 웃음을 유발하고 그룹 창의력을 자극할 수 있다.

유의사항: 일부 사람들은 어색하거나 불편하게 느낄 수 있다. 참여자가 이미 서로를 잘 알고 있고 어느 정도 신뢰를 쌓은 그룹과 함께 사용하는 것이 좋다.

짐 내려놓기|Setting Baggage Aside

때로 우리는 당면한 일에 집중하기 전에, 고민을 정리할 필요가 있다. 특히 스트레스가 심하거나 트라우마가 있을 때, 이 4분의 시간은 사람들이 개인적인 짐을 내려놓는 데 큰 역할을 한다.

절차: 2명씩 짝을 지운다. 한 사람 당 2분씩 시간을 주고, 이 회의에 완전히 빠져들지 못하게 하는 생각을 짝과 나눈다.

추가로 할 수 있는 것도 있다. 각 참여자에게 종이 쪽지를 나눠주고, 걱정이나 속상함을 쓰거나 그리게 한다. 봉투를 돌려 쪽지를 넣는다. 원하면 모임을 마칠 때 돌려받을 수 있다고 알려준다.5)

---

5) 종이에 적는 방법은 D. Hunter, *The Zen of Groups: A Handbook for People meeting with a Purpose* (Tucson, AZ: Fisher Books, 1995)에서 참고하였다.

4장. 정보 및 선택지 수집 도구

그룹이 문제에 대응하거나 결정을 내리려고 할 때, 각종 활동에 참여하게 된다. 아래 차트는 이러한 활동 예시를 보여준다. 경험상, 최종 결정의 순간에 가까울수록 긴장 수준은 더 높아진다. 최종 결정을 하기 전에 스트레스가 덜한 다양한 활동을 할 수 있다. 사실 스트레스가 전혀 없는 활동도 있다.

스트레스 감소, 긴장 감소

견해나 선택지에 대한 정보 수집

여러 선택지 분석(선택지 모으기, 기본 가치 검토, 의미, 비용, 이점 등)

선택지 평가(어느 것이 더 나은지 평가하기, 선택의 폭 좁히기 등)

구속력 있는 최종 결정 내리기

스트레스 증가, 긴장 증가

그룹 작업을 명확하게 구분된 단계로 계획하여, 불안이 적은 활동부터 시작하고 최종 결정 시점에 도달하기 전에 신뢰와 협력의 기반을 마련한다. 이는 여러 면에서 그룹의 대화 경험을 향상시킬 것이다. 정해진 시간 동안은 어떤 결정도 내리지 않는다는 것을 알면, 사람들은 서로의 말을 더 열린 마음으로 듣게 된다. 그들은 모든 주장에 일일이 맞서 싸우지 않아도 된다고 느낀다.

시간을 들여 다양한 관점을 듣고 폭넓은 해결책을 모으는 것은 더 나은 결정으로 이어질 뿐만 아니라, 그 자체로 강력한 변화의 과정이 된다. 최종 결정 시, 문제의 모든 측면을 고려했다는 것을 깨닫게 되면, 그룹 구성원들은 더 자신감을 가지고 준비된 태도로 합의에 도달한다. 정보 수집부터 시작한 그룹은 시간이 지나면서 자기 돌봄에 대한 존중과 신중한 의사 결정 과정을 강화하고 안정시키는 방법을 개발한다.

마찬가지로, 아이디어 창출과 평가의 명확한 분리가 그룹 창의성을 자유롭게 하는 방법이라는 것은 오랜 세월에 걸쳐 검증되었다. 판단을 잠시 유예하는 행위는 문제를 재구성하고 교착 상태를 해소하는 획기적인 순간을 만들어 내는 데 도움이 된다.

이 장에서는 정보 수집과 성찰에 사용할 수 있는 다양한 접근 방식 중에서 특히 의견 차이가 심할 때 우리가 선호하는 접근 방식을 설명한다. 이 대화방법들은 대부분 아이디어 평가나 깊이 있는 토론을 제한하고, 이러한 활동을 전체 과정의 후반부로 미룬다. 이런 대화방법은 정보 수집만 아니라 다른 용도로도 사용할 수 있다.

개인 관점 서클

서클은 간단하지만, 그룹 안의 모든 관점을 들으면서 대화를 시작하는 강력한 방법이다. 또한 그룹이 문제에 동의하는 지점과 아닌 지점을 빠르고 놀랍게 파악할 수 있다.

절차: 기본 서클 프로세스2장를 이용한다. 열린 질문을 통해서 개인적인 경험과 생각을 이끌어 낸다. 예를 들어 다음과 같다.

"여기서 진행되는 것을 어떻게 묘사하시겠어요?"
"이 주제가 당신이나 당신이 개인적으로 아는 누군가에게 어떤 영향을 미쳤나요?"

두 번째 라운드나 공개 토론에 대한 후속 질문에는 다음과 같은 것들이 있다.

"이 서클에서 어떤 말을 듣고 놀랐나요? 그것이 당신을 마음을 움직였나요?"
"우리 모두가 동의하는 부분이 있다면, 그것은 무엇일까요?"
"이 문제의 영향을 받았지만, 오늘 여기에 없는 사람은 누구인가요? 그분은 뭐라고 할까요?"

장점: 여는 서클은 사람들의 현 위치나 입장에서 토론을 시작한다. 서클 프로세스가 장려하는 깊은 경청이 문제에 대한 그룹의 다양한 관점을 이해하는 데 도움이 된다.

유의사항: 모든 서클 프로세스와 마찬가지로, 이 대화법도 상당한 시간이 걸릴 수 있다. 특히 주제에 대한 감정이 격하다면 더욱 그렇다. 시간이 충분하지 않다면, 시간 사용이나 간결하게 말하기에 대한 공동의 약속을 미리 정한다.

후속 작업: 이어서 공개 토론과 성찰을 진행하거나, 정보 수집 및 다양한 선택지를 만드는 프로세스를 진행한다.

입장과 요구에 관한 서클

사람들은 종종 자기만의 해결책을 들고 모임에 참석한다. 그것을 말할 기회가 없으면 부적절한 시점에 끼워 넣으려고 할 수도 있다. 서클 전에 이미 결정을 내리고 다른 의견을 듣기 어려워하는 사람이 있다면, 이 서클 변형이 유용할 수 있다. 이 서클은 자기 의견 옹호에서 경청으로, 이미 정해 온 해결책에서 모든 참여자가 해결하고자 하는 주요 요구 사항으로 분위기 전환을 이루는 방식을 통해 사람들이 아이디어를 공유할 수 있게 한다.

절차: 기본 서클 프로세스를 두 바퀴 진행한다. 처음에는 다음

과 같이 질문한다.

"어떤 부분이 문제라고 생각하시나요? 이에 대해 당신이
제안하는 해결책은 무엇입니까?"

만약 특별히 지지하고 싶은 해결책이 떠오르지 않을 때는 다음
사람에게 순서를 넘길 수 있다는 점을 참여자에게 알린다.

두 번째 라운드를 진행할 때, 다음과 같이 묻는다.

"가능한 해결책을 들으셨는데요. 이 중에서 어떤 해결책
이든 받아들여지려면, 무엇을 해결해야 할까요?"

원한다면, 세 번째 라운드를 돌려서 사람들이 무엇을 듣거나
배웠는지, 그리고 가능한 해결책을 위해 필요한 정보가 무엇인지
물어볼 수 있다.

장점: 이 대화법을 통해 참여자는 가슴 속에 품은 아이디어를
다른 사람에게 들려줄 수 있고, 추후에 더 생산적인 대화를 할 수
있는 장을 연다. 근본적인 요구사항에 대한 성찰은 토론을 새롭고
더 깊은 수준으로 이끈다.

유의사항: 경청과 이해에 중점을 두라. 의사 결정 과정의 적절

한 시점까지 서로 다른 입장에 대한 평가나 논의는 미뤄둔다.

전체 그룹이 지켜보는 인터뷰

전체 그룹이 참석한 가운데 진행되는 인터뷰는 통제가 쉽고 상대적으로 위험도가 낮은 방법으로, 사람들이 모든 의견의 차이점을 한 번에 볼 수 있도록 돕는다. 인터뷰 진행자는 인터뷰를 위해 선정된 사람들과 한 명씩 심도 있는 대화를 나눈다. 나머지 그룹이 경청하는 동안, 사려 깊은 질문으로 각 사람의 이야기를 이끌어낸다.

절차: 인터뷰 진행자는 신중하게 선정되어야 하며 신뢰할 만한 사람이라고 인정받아야 한다. 전문 진행자가 인터뷰를 진행할 때가 많지만, 인터뷰 기술이 좋고 청렴하다고 알려진 사람을 그룹에서 한 명 이상 선택하는 것도 그룹 구성원을 존중하는 좋은 방법이다.

전체 그룹이 지켜보는 가운데, 인터뷰할 사람을 관점별로 1~3명을 선정하고 알린다. 인터뷰 진행자는 대상자 한 명 한 명을 따뜻하게 대해야 한다. 경청, 바꿔 말하기와 더불어 격식에 얽매이지 않는 편안한 어조를 사용한다. 친밀감을 형성하기 위해 "자신에 대해 조금 말해 보세요", "이번 주에 무슨 일이 있었는지 말해 보세요"와 같은 개인적인 질문으로 시작한다. 그런 다음 당면한 문제로 넘어간다. 인터뷰 대상자가 다른 사람이나 상황이 아니라, 자기 이야기를 하도록 격려한다.

"당신은 개인적으로 이 문제를 어떻게 보시나요?"
"여기서 무슨 일이 일어나고 있는지 당신의 관점으로 말해
주세요."

대화가 복잡하고 엉킬 때는 다음과 같이 질문할 수 있다.

"언제든, 어떤 식으로든 이 논의에서 오해 받는다고 느낀
적이 있나요?"

생산적인 인터뷰의 핵심은 인터뷰 대상자가 단순 분석이나 편
견을 말하려는 경향을 넘어서 이야기하도록 이끌어내는 데 있다.

"조금 더 설명해 주시겠어요?"
"그 사안이 왜 당신을 화나게 했는지 제가 이해할 수 있도
록 도와주시겠어요?"
"이 일이 일어났을 때, 어떤 생각과 감정이 들었는지 말씀
해주세요."

원한다면, 인터뷰 진행자는 인터뷰에서 나온 여러가지 관점을
목록으로 작성한다. 또는 보조진행자에게 작성하도록 부탁할 수

있다.

모든 인터뷰가 끝나면 시간이 허락하는 선에서, 아직 듣지 못한 의견 중 추가하고 싶은 의견이 있는지 청중에게 물어본다. 새로운 의견이 있는 사람은 앞으로 나와 인터뷰를 하도록 한다. 이렇게 하면 논의를 운영하기 쉽다.

장점: 이 인터뷰는 인터뷰 진행자에게 진행 권한을 많이 부여한다. 인터뷰 진행자와 대상자 사이의 대화는 자유로운 그룹 토론보다 운영하기 훨씬 쉽다. 또한 다른 사람의 방해를 차단하고 진행자가 인터뷰에 응한 각 사람의 의견에 깊이 들어갈 수 있도록 해준다.

유의사항: 인터뷰 하는 동안 다른 사람의 방해나 언급이 끼어들 때 어떻게 대처할지 미리 생각해 놓는 것이 좋다. 끼어드는 일이 예상되는 이유가 있다면, 그룹이 완전한 침묵으로 경청하도록 초청하며 인터뷰를 시작한다.

이 대화방법은 몇몇 개인에게 집중하는 방법이기 때문에, 모든 인터뷰가 끝난 후 이 모임이든 별도의 모임이든 전체 그룹을 참여시킬 방법을 신중하게 생각해보아야 한다.

후속 작업: 인터뷰는 다양한 사람의 입장을 파악하고, 사안에 대한 논의를 시작하는 방법이다. 또한, 이 방법은 토론 서클 이후 다음 단계로서, 그룹이 보유한 견해를 깊이 파고드는 도구로서 잘

작동한다.

인터뷰 후 가능한 활동: 추가 대화를 위해 갈등 스펙트럼 또는 사모안 서클을 사용하라. 공개 그룹 토론을 하고, 설문지를 작성하고, 위원회 구성을 통해 그룹에 필요한 권장사항을 제시하거나 정규적인 의사 결정 과정에 들어가라.

경청 의자를 사용한 인터뷰

인터뷰하는 다양한 방법 중 하나로 "경청 의자Listening Chair"를 사용할 수 있다. 전문 진행자는 전체 그룹이 참석한 가운데 그룹의 몇몇 구성원을 인터뷰한다. 각 인터뷰 대상자는 그룹에서 자신의 말을 경청해 줄 사람을 초대한다. 이때 경청자는 인터뷰 대상자가 하는 모든 말을 자기 말로 바꿔서 반복하여 돌려준다.

절차: 인터뷰 사용 지침을 참조하라. 각 인터뷰가 시작될 때마다 전문 진행자는 인터뷰 대상자에게 경청자를 선택하게 한다. 선택된 사람은 지정된 의자에 앉아 2인 1조를 이룬다. 몇 분마다, 전문 진행자는 경청자를 돌아보며 방금 들은 내용을 바꿔 말하기로 돌려주도록 유도한다. "이것에 대한 당신의 견해는…이군요."

전문 진행자는 대화가 진행되는 동안 경청자 역할을 시범 삼아 보여줘야 할 수도 있다. 가장 먼저 경청 의자에 앉은 사람은 보통 어색해 하지만, 전문 진행자의 도움을 받아 곧 경청 방법을 배운다.

장점: 경청 의자는 존중과 이해심을 키우는 데 강력한 힘을 발휘한다. 사람들은 종종 처음으로 상대방이 자신의 말을 정말로 듣고 이해한다고 느낀다.

유의사항: 경청 의자는 "기술적인 장치"로, 어떤 사람에게는 "게임하는 것" 마냥 이상하게 들릴 수 있다. 특히 처음 몇 분간은 경청 의자가 비정상적인 방식으로 상호작용하는 것처럼 보일 수 있다. 이 방법은 자신 있는 전문 진행자에 한해서 사용할 수 있는 고급 기법이다.

처음 몇 분 동안은 낯설고 이상하게 느낄 수도 있다고 그룹에 알린다. 특히 전문 진행자가 처음 경청자 몇 명의 용기나 노력을 아낌없이 칭찬하고 격려하는 것이 중요하다.

시간이 좀 지나면, 사람들은 장치에 익숙해지고, 경청자가 들은 것을 바꿔 말하려는 노력을 즐거워하게 된다. 가끔 의견에 격렬히 반대하는 사람이 경청자로 선택되기도 하는데, 이는 모두가 인정하는 도전이다.

역할 바꿔 말하기/발표하기
인터뷰의 또다른 변형인 이 기법은 갈등 양측이 상대편의 관점을 그룹 전체에 설명할 수 있을 만큼 충분히 이해하도록 요청한다.

절차: 갈등 양측 또는 관련된 집단에서 인터뷰 진행자를 한 명

씩 뽑는다. 자기와 반대 입장을 가진 사람들을 인터뷰하게 한다. 그리고 자기가 들은 것을 요약하여 전체 그룹에 발표한다.

그룹 전체에 요약 발표한 후, 각 집단에 반응할 기회를 준다. 발표 내용이 명확했는지, 어떤 방식이든 명확히 하거나 덧붙이고 싶은 말이 있는지 확인한다.

장점: 반대 의견을 가진 상대방의 사려 깊은 관심과 진심 어린 발표는 상대방이 경청하고 있다는 느낌을 주고, 따라서 갈등을 완화한다.

유의사항: 역할 반전 발표는 인터뷰한 사람이 제대로 요약과 발표를 할 때만 효과적이다. 따라서, 인터뷰와 발표를 할 수 있는 능력과 진정성이 있는 인터뷰 진행자/발표자를 잘 선택해야 한다.

긍정 탐색

긍정 탐색은 이미 잘하고 있는 것을 발견하고 이를 바탕으로 더 나은 변화의 토대를 마련하는 대화방법이다. 긍정 탐색은 말하고 분석하는 방향으로 그룹이 이동한다는 관찰에 기반한다.6) 긍정 탐색은 '문제 해결'에 초점을 맞추는 대신, 그룹 구성원이 언제 가장 '살아있고' 성공적이었는지 발견하고, 이런 경험이 가능했던

---

6) 더 많은 긍정 탐색에 대해서는 http://appreciativeinquiry.case.edu/과 http://www.iisd.org/ai/locating.htm를 참조하라

상황을 다시 창조해 내는 것을 목표로 한다. '순수한' 긍정 탐색 과정만을 수행하는 전문 진행자는 거의 없지만, 기본적인 긍정 탐색을 다양한 종류의 그룹 활동과 함께 많이 사용한다.

절차: 그룹 최고의 순간, 가장 만족스러운 성취에 대한 이야기를 이끌어 내는 질문을 통해 인터뷰나 서클 프로세스에 긍정 탐색을 통합하라. 이어서 그런 경험이 가능했던 자질, 환경, 상황을 파악하는 질문을 하라. 예를 들면, 다음과 같다.

> "이 그룹과 함께 일하면서 특별히 힘을 얻거나 능력을 발휘할 수 있었다고 느꼈던 때는 언제였나요? 그 경험이 기억에 남는 이유는 무엇인가요?"
> "이 그룹이 가장 좋았을 때의 이야기를 들려주세요."
> "이 그룹의 가장 흥미로운 성과는 무엇인가요? 무엇 덕분에 우리가 그것을 이룰 수 있었나요?"

이런 질문으로 수집한 자료를 공개 토론에 사용하여, 어떻게 하면 그룹이 최상의 기능을 더 많이 발휘할 수 있을지 탐구한다.

장점: 긍정 탐색은 사람들을 격려하고 치유할 수 있다. 과거의 긍정적인 경험은 자신감과 열정을 회복시키고, 서로가 나누는 이야기 안에서 서로를 지원하며 협업과 관계 구축을 돕는다.

유의사항: 긍정 탐색은 긍정적인 부분에 초점을 맞추기 때문에, 사안에 대해서 심각한 염려를 하거나 화가 난 사람들에게는 강한 반감을 불러 일으킬 수 있다. 특히 부조리한 상황이나 충분히 다뤄지지 않은 일, 최근에 입은 상처가 있을 때, 긍정에 대한 강조는 불편한 것이 되거나 거짓으로 보일 수 있다. 긍정 탐색 전에, 걱정과 문제를 듣고 확인할 시간을 갖도록 하는 것이 좋다. 긍정 탐색을 소개할 때, 이것이 문제를 부정하거나 무시하는 것이 아니라, 그것을 해결할 새로운 자원을 찾는 대화방법이라는 것을 강조하라.

후속 작업: 긍정 탐색을 사용해 정보 수집 또는 문제 해결 세션을 열거나, 문제 해결 과정에서 답답하게 막히거나 암울해진 관점을 전환한다. 또는 그룹의 대화 과정 전반에 걸쳐 감사하는 질문을 포함할 방법을 찾는다. 무엇이 잘못되었는지 질문하는 만큼, 그룹이 잘하고 있는 것이 무엇인지 질문하라.

카드 정렬 대화법

이 방법은 참여자가 자기 지식, 관점, 가치 등을 카드에 적는 조용한 작업으로 시작한다. 그런 다음 소그룹에 참여하여 그 안에서 사람들과 카드를 공유하고 분류하여 전시한다. 끝으로 전체 그룹이 각 소그룹이 작업한 카드를 함께 둘러본다.7)

---

7) 이 대화법은 R. J. Garmston, B. M. Wellman, *The Adaptive School: A Sourcebook for*

절차: 3~6명씩 작은 테이블에 둘러 앉거나 원형으로 앉게 한다. 인덱스 카드index cards나 비슷한 크기의 종이를 각 참여자에게 나눠준다. 해결해야 할 문제나 쟁점을 필요에 따라 광범위하거나 좁게 기술하고, 모든 사람이 볼 수 있는 곳에 적어 둔다.

–개인 작업: 5~10분 동안 참여자가 주제에 대한 아이디어, 생각, 느낌을 카드마다 한 개씩 적도록 한다. 상황에 따라 참여자에게 다음과 같은 내용을 포함하도록 명시적으로 요청할 수도 있다.

- 문제에 대해 갖고 있는 지식
- 다른 사람에게 존중 받고 싶거나 들려주고 싶은 신념 또는 감정
- 문제 해결을 위한 아이디어
- 다뤄야 할 필요성 또는 해결책을 통해 존중되어야 할 가치

여러 개의 문장이나 문구로 구체적으로 서술해서 읽는 사람이 의미를 명확하게 파악할 수 있도록 촉구한다. 한 단어만으로 대화를 충분히 이어갈 수 있는 경우는 거의 없다.

–소그룹 작업: 사람들 대부분이 다 썼으면, 소그룹 구성원끼리 서로 카드를 공유하도록 초대한다. 그 다음 소그룹별로 카드를 분

Developing Collaborative Groups (Norwood, MA : Christopher–Gordon Publishers, 1999)에서 온 것이다.

류하고, 분류별로 이름을 정하고, 의미를 담은 게시물을 만들어 전체 그룹에 발표하도록 한다. 그룹은 발표를 진행하면서 새로운 아이디어와 카드를 추가할 수 있다. 정리된 사항을 벽에 전시하고 싶다면, 종이 테이프와 큰 종이를 준비한다.

게시물을 만든 후 소그룹에게 다음 질문에 초점을 맞춰 논의하도록 요청한다. 이 정보카드는 진행 방법에 대해 어떻게 안내하는가?

-갤러리 투어: 그룹 당 한 명은 자리에 남아서 찾아오는 방문자에게 작업 내용을 설명한다. 나머지 그룹원은 게시 장소를 자유롭게 돌아다니면서 다른 그룹의 작업을 검토하고, 새로운 아이디어와 통찰력을 얻는다. 또는 각 그룹의 발표자가 전체 그룹에게 그룹의 결과물을 발표할 수도 있다.

-배움에 대한 성찰: 갤러리 투어 후에, 다시 원래의 소그룹으로 돌아와서 관찰하고 발견한 것에 대해서 그룹 사람들과 나눈다. 전체가 다 함께 나눔의 시간을 가질 수도 있다. 만약 시간이 허락한다면, 둘 다 진행해도 좋다.

장점: 이런 카드 정렬 대화법은 그룹이 가진 생각을 명확히 정의하고, 방대한 정보, 사실, 의견, 믿음, 가치, 감정에 대해서 다룰 때 매우 효과적이다. 이 대화법은 선행지식을 존중하고, 서로를 이

해하기 위한 공통분모를 만든다. 또한 모든 참여자의 생각을 '테이블 위에' 올리는 동등한 기회를 제공함으로써 논의의 장을 공평하게 한다.

개인, 소그룹, 전체 그룹 작업 순서를 적절히 섞어 다양하게 작업하는 것이 좋다. 같은 소그룹 테이블에 앉아 있는 사람들만 각 개인의 관점에 대해서 들을 수 있기 때문에, 개인은 그룹으로 할 때보다 노출이 적다. 만약 익명성을 최대한 보장해야 하는 경우에 각 그룹이 테이블에서 서로의 작업물을 확인하고 분류하기 전에 카드를 섞게 한다.

우리는 익명성이 바람직하지 않다고 생각한다. 건강한 그룹 생활에서는 사람들이 독특하고 다양한 관점을 가지고 자신을 표현할 수 있는 자신감이 있다. 불행히도 많은 그룹에는 이를 위한 자기와 타인에 대한 존중의 규범이 없다. 따라서 익명의 견해 표현을 허용하는 것이 때로 필요하다. 그러나 우리는 이것이 당연한 일이 아니라, 가끔 예외적으로 허용되어야 한다고 생각한다.

유의사항: 이 방법은 매우 이성적인 과정으로, 어떤 사람에게는 매력적이지만 다른 이들은 흥미가 없을 수 있다. 사모안 서클, 인터뷰, 문제를 다른 측면에서 보는 사람 간의 어항 대화 같은 대화법을 통해 문제에 대한 감정과 참여자를 연결하는 과정을 앞 뒤에 실행하는 것을 고려해보라.

후속 작업: 모든 정보 수집 프로세스와 마찬가지로 카드 정렬 대화법만으로는 결정을 내릴 수 없다. 이 방법은 명확한 이해를 돕지만, 최종 결론을 도출하는 것이 목적이라면 추가 단계가 필요하다.

카드 정렬 대화법: 전체 그룹형

이 대화법은 전체 그룹이 동시에 함께 카드를 만들고, 정렬하고, 분류하는 대화방법이다. 이 방법은 분석하거나, 대화하거나, 계획 또는 결정을 내리기 위한 과정으로 사용할 수 있다.8)

절차: 앞에서 언급한 카드 정렬 대화법과 마찬가지로, 고려 중인 문제나 이슈를 명시하고, 카드나 종이 쪽지를 나눠준다. 각 카드에 아이디어, 질문 또는 바람을 쓰도록 한다. 참여자는 개인이든 그룹이든 자유롭게 작업할 수 있다.

카드 작성이 끝나면, 넓게 개방된 공간 바닥에 카드를 놓는다. 언제든지, 누구나 카드를 분류하고 모아둘 수 있다. 카드 뭉치가 만들어지면, 이 묶음 이름을 지정하는 제목카드를 만들 수 있다. 언제든지 새 카드를 추가할 수 있고, 카드 만들기와 분류를 동시에 진행할 수 있다.

---

8) 이 대화법은 Robert Chambers, *Participatory Workshops: A Sourcebook of 21 Sets of Ideas & Activities* (London/Vienna, VA: Earthscan, 2002) 123–125에서 온 것이다.

–우선순위: 정보 수집을 넘어 우선 순위를 정하거나 의사 결정을 향해 나아가고 싶다면, 카드의 중요도에 따라 점수를 매길 수 있다. 모든 사람에게 정해진 수의 스티커나 펜으로 정해진 횟수의 표시를 하도록 한다. 각 사람은 자신이 가장 중요하다고 생각하는 카드에 스티커를 붙이거나 표시한다. 이 표기를 통해 그룹이 가장 중요하게 생각하는 것이 무엇인지 파악한다.

–합의: 의사 결정 합의를 위해 이 대화도구를 사용한다면, 중간 단계를 추가할 수 있다. 카드를 분류한 후, 사람들에게 걸어 다니면서 각 카드를 살펴보라고 한다. 자기가 강력히 반대하는 카드를 발견하면 카드를 엎어 놓는다. 이 과정을 마친 후, 뒤집히지 않고 남아 있는 카드는 수락된 것으로 간주한다. 모든 카드가 뒤집힌 경우에는 사람들에게 기존 카드를 수정하거나 모두가 수용할 수 있는 새 카드를 만들도록 한다. 기존 카드의 어떤 요소가 불편한지에 대해 그룹 토론이 필요할 수도 있다.

뒤집힌 카드들은 그룹별로 수집, 검토, 토론한다. 그룹에서 뒤집힌 카드를 수정하는 방법에 동의하면, 수정한 카드를 수락된 그룹에 다시 추가할 수 있다. 마지막으로, 수락된 카드에 위와 같이 스티커를 붙이거나, 표시로 점수를 매겨 가장 중요한 카드를 결정한다.

장점: 이 대화 도구는 분석적 사고를 유도하고, 지식을 모으고,

참여자 공동의 지혜를 존중한다. 참여자는 원하는 대로, 카드를 만들거나 분류할 수 있어서 개인의 취향을 존중하는 유쾌함을 키울 수 있다.

항상 창의성을 격려하라. 누군가 새 카테고리를 추가하고 싶다면? 좋다! 소그룹이 추가 분석을 위해 특정 선택지에 초점을 맞추고 싶다면? 좋다! 사람들이 공동 활동에 참여할 때, 때로 그룹에서 나타나는 더 깊은 지혜에 귀를 기울이고 환영하라.

유의사항: 이 활동은 일반적이지 않을 만큼이나 정형화되지 않은 공간을 그룹에 제공한다. 사람들은 무엇을 만들지, 언제 만들지 자유롭게 결정할 수 있다. 그룹이 길을 찾는 동안, 불확실한 순간에 대비하라. 진행자가 편안히 격려한다면, 참여자들은 곧 활동에 적응할 것이고, 일부는 리더십 역할을 하게 될 것이다. 음료, 다과, 음악 등을 준비하면, 가볍고 편안한 분위기를 조성할 수 있다.

브레인스토밍Brainstorming

브레인스토밍은 평가 없이 많은 아이디어를 빠르게 생성하는 고전적인 기법이다.

절차: 문제나 질문을 명확하게 명시하고 모든 참여자가 볼 수 있는 곳에 게시한다. 참여자에게 문제 해결을 위한 모든 아이디어를 던져줄 것을 요청한다. 유일한 규칙은 아이디어에 대한 판단과

토론을 브레인스토밍이 끝난 다음으로 미룬다는 것이다. 여기에서 추구하는 목표는 아이디어의 질이 아니라 양이다. 모든 아이디어, 특히 엉뚱하거나 우스꽝스럽거나 비현실적으로 보이는 아이디어도 똑같이 환영한다. 참여자들이 이전에 언급된 아이디어를 확장하고 조합하고 쌓아갈 수 있도록 격려하라.

자원하는 한 사람에게 모든 사람이 볼 수 있도록 칠판이나 종이에 아이디어 기록을 부탁한다. 각 발표자의 제안을 3~5 단어의 짧은 문구로 바꿔 말해주고, 아이디어를 적절하게 표현했는지 발표자와 함께 확인한다. 기록하는 사람은 발표자의 말을 스스로 해석해서 기록하지 않고, 진행자가 바꿔 말한 내용을 적는다.

단문을 사용하면 기록을 깔끔하고 읽기 쉽게 유지하는 데 도움이 된다. 또한, 과정을 활발하게 진행시켜 창의력을 자극하고, 사고를 촉진하며, 자기 생각에 대한 자기검열을 넘어 더 빨리 말할 수 있도록 한다. 이런 방식으로 처음 몇 개의 아이디어를 바꿔 말하기 해주면, 참여자는 아이디어를 간단명료하게 표현하기 시작한다.

그룹에게 앞에서 말한 판단 유예원칙에 대해 확실한 동의를 얻고, 아이디어를 평가하려는 시도를 막을 준비를 하라. 나중에 평가할 기회가 충분히 있다는 것을 사람들에게 상기시킨다.

별난 아이디어도 괜찮다는 것을 보여주기 위해 엉뚱하고, 명백히 비현실적인 해결책을 몇 가지 준비할 수도 있다. 이것은 사람들이 고정관념을 벗어나 생각하도록 돕는다.

브레인스토밍은 5~10명의 소그룹으로 진행할 수도 있다. 이 때, 그룹별로 전체 목록 또는 가장 마음에 드는 아이디어를 골라 나중에 전체 그룹에게 발표한다.

장점: 브레인스토밍은 문제에 대한 이해를 넓히고 이전에 고려되지 않은 해결책을 드러낼 수 있다. 아이디어 생성과 평가를 명확하게 분리하면, 그룹 참여자 사이에 창의적으로 함께 일하는 능력에 대한 신뢰와 자신감을 키울 수 있다.

유의사항: 브레인스토밍은 다양한 선택지를 모으려는 것이지, 의견을 연구하거나 의견에 대한 대화를 돕는 대화방법은 아니다. 브레인스토밍은 참여자가 편하게 느낄 때만 효과가 극대화되며, 의심하거나 분노했을 때는 작동하지 않는다.

브레인스토밍을 통해 기대하는 바는 다양한 가능성의 목록이다. 그러나 이 목록을 바로 다루면 문제가 생길 수 있다. 어떤 사람은 자극을 받고, 다른 사람은 가능성들에 압도될 수도 있다. 어떤 사람은 이 목록에서 확실한 해결책을 찾을 것이고, 다른 사람은 단지 다양한 가능성을 고려하고 싶어할 것이다. 아래 후속 작업으로 추가 활동을 준비하고 그룹의 필요에 따라 계획을 변경할 준비를 하라.

나열된 항목을 분류하여 카테고리를 만들고, 하부 아이디어를 위한 브레인스토밍을 지속하고 싶은 유혹을 뿌리쳐야 한다. 사람들은 본능적으로 이 작업을 시작하고는 하지만, 대그룹이 즉석에서 공동으로 카테고리를 만들어 내기는 어렵다. 만약 그런 분류 작업이 필요하다면, 긴급도, 난이도, 타당성, 비용 및 또는 후속 절차 같은 범주를 사전에 정해서 사용한다.9)

후속 작업: 브레인스토밍 후에 할 수 있는 활동은 다양하다. 브레인스토밍에서 나온 아이디어를 정리하고 성찰하기 위한 공개 토론이나 서클 프로세스를 열 수 있다. 또는 추가 토론을 위해 우선순위가 높은 항목의 기준을 평가하고 선정하는 방법에 대해 논의할 수도 있다. 아니면, 미리 정의된 카테고리로 목록을 정렬하는 작업을 하부 그룹에 맡길 수도 있다.

브레인스토밍 변형
때로는 단순한 브레인스토밍으로는 문제를 다루기 충분하지 않을 때가 있다. 특히 그룹 구성원이 브레인스토밍을 자주 사용하고 이에 지쳤을 때, 문제가 제대로 정의되지 않았을 때, 사람들의 입장이 고정되어 있거나 아주 다루기 힘들 때, 다른 기법이 필요할 수 있다.

브레인라이팅Brainwriting
브레인라이팅은 서로의 아이디어를 바탕으로 쌓아 나가는 것

---

9) 이것이 왜 바람직하지 않은지에 대한 훌륭한 토론을 위해서는 샘 케이너, 레니 린드, 캐서린 톨디, 사라 피스크, 두에인 버거의 『민주적 결정방법론』(쿠퍼북스, 2017)을 보라.

을 강조한다. 말할 때보다 글을 쓰면서 더 잘 생각하는 사람에게 좋다. 브레인스토밍과 마찬가지로, 해결해야 할 문제를 명시하고 적는 것으로 활동을 시작한다. 모든 사람에게 한 장씩 종이를 주고, 문제 해결을 위한 네 가지 아이디어를 조용히 적도록 한다. 아이디어를 네 개 적었으면, 바로 다른 사람과 종이를 교환한다. 교환한 사람의 아이디어를 읽은 후, 새로운 아이디어를 네 개 추가하고 또 교환한다. 이 과정을 15~20분 정도, 혹은 사람들 대부분이 아이디어가 다 떨어졌다고 느낄 때까지 반복한다. 그 후, 모든 아이디어를 전체 그룹에 발표하거나 소그룹으로 토론한다.

브레인스토밍을 위한 카드 정렬

아이디어 브레인스토밍을 위해, 앞서 설명한 카드 정렬법을 사용한다. 소그룹으로 나누기 전에 해결해야 할 문제를 명확하게 명시하고 적어서 모든 그룹이 동일한 문제에 대해 작업할 수 있게 한다.

가정을 뺀 브레인스토밍

그룹이 고정된 기준의 틀을 벗어나지 못하고 있다면, 문제에 대한 가정을 명시적으로 진술한 다음, 그 가정을 유보하는 것이 도움이 될 수 있다. 해결해야 할 문제를 명확하게 말하고 적는다. 그 다음, 그룹에게 '명백히' 사실인 가정부터 의문의 소지가 많은 가정까지 문제에 대한 모든 가정을 나열하도록 한다.

이제 그룹에게 모든 가정, 사실로 보이는 가정까지도 브레인스토밍을 위해 잠시 멈춰달라고 요청한다. 우리의 목표는 가정을 부정하거나 반박하는 것이 아니라, 단순히 사고를 확장하는 것이다. 앞서 말한 기본 기법으로 브레인스토밍을 진행하라. 이어지는 후속 활동으로 사람들이 가정에 대해 관찰한 내용을 토론하도록 포함할 수도 있다.

핵심 단어

짐작이나 가정을 확인하는 또 다른 방법은 그룹의 문제 진술을 검토하거나 작성하는 것이다. 예를 들어, "우리 회원들이 활동에 충분히 참가하지 않는다"는 진술 속에 나타난 모든 핵심 단어, 즉 회원, 활동, 충분히, 참가에 밑줄을 긋는다. 그런 다음 각 단어에 대해 다음과 같이 질문한다. "이 단어에 대해서 어떤 질문을 해야 할까요?" 예를 들면 이렇다. "누가 회원일까요?" 또는 "얼마나 참여하면 충분할까요?" 그룹이 각 단어에 대해 질문 목록을 브레인스토밍하도록 한 다음, "이 목록에서 이의 제기할 가정이 있습니까?" 하고 질문한다. 가정을 뺀 브레인스토밍, 서클 프로세스 또는 공개 토론을 통해 확인된 가정을 반영하는 후속 조치를 취한다.

가정 뒤집기

위와 같이 해결할 문제를 명시하고, 그룹에게 문제의 원인으로 짐작되는 가정 목록을 도출하도록 한다. 집중할 가정 하나를 선택한 후에 마치 그 가정의 반대가 사실인 것처럼 말하라. 예를 들어, "우리는 가장 활력 넘치는 자원봉사자를 빨리 지치게 한다"는 가정이라면, 그 반대는 "우리는 가장 활력 넘치는 자원 봉사자를 쉽게 유지할 수 있다"가 된다. 참여자에게 뒤집힌 가정을 사실로 만들수 있는 아이디어 목록을 브레인스토밍하도록 요청한다.

5장. 대화 도구

대화는 모든 그룹 프로세스의 핵심이다. 이번 장에서는 '폭발' 가능성을 줄이고 변화를 일으키는 안전하고 구조화된 대화의 장을 만드는 다양한 방법을 제공한다.

갈등 스펙트럼

전문 진행자의 설명을 따라 모든 사람이 각자 스펙트럼의 어느 한 지점에 선다. 그 다음, 모든 참여자는 자기가 왜 거기에 서있는지 이야기한다.

절차: 한쪽 의견을 매우 확신하는 쪽을 공간의 이쪽 끝, 반대 의견을 매우 확신하는 쪽을 반대쪽 끝으로 지정한다. 모든 사람에게 양쪽 끝이나 그 사이 어느 지점, 즉 자기 의견을 표현하는 지점에 서도록 요청한다. 양극단에 서는 것이 한쪽 의견을 매우 확신한다는 뜻임을 명확히 하지 않으면, 많은 사람이 양쪽 끝에 서게 되고, 이는 실제보다 더 크게 분열된 느낌을 조성할 수도 있다.

그런 다음, 각 참여자에게 그 자리를 선택한 이유를 이야기하도록 초대한다. 옆에 있는 사람들과 선택한 이유를 나누도록 초대할 수도 있고, 각자 서 있는 위치에서 그 자리를 선택한 이유를 전체 그룹에 이야기하도록 호명할 수도 있다.

원한다면, 한 단계 더 나아가서 참여자를 총 세개의 그룹, 즉 양쪽 끝 두 개 그룹과 가운데 한 개 그룹으로 나눌 수도 있다. 참여자가 어느 그룹에 속할지 스스로 결정하게 한다. 각 그룹별로 자기 위치의 강점과 약점 목록을 작성하도록 한 다음 전체 그룹에 보고한다.

장점: 갈등 스펙트럼은 빠르고, 쉬우며, 감정을 차분히 하는 데 놀라울 정도로 효과적이다. 사람들이 왜 그 자리를 선택하여 서 있는지 이야기할 때, 일반적인 공개 토론에서는 엄청난 분노를 내면서 할법한 말을 차분히 말하도록 돕는다.

또한 갈등 스펙트럼은 그룹이 가진 아주 풍부한 관점의 데이터를 시각적으로 보여주는데, 각자의 의견이 서로 얼마나 떨어져 있는지, 얼마나 많은 사람이 다양한 견해를 고수하는지, 그 차이가 얼마나 강하게 느껴지는 등을 보여준다. 일반적인 그룹 활동에서 20분 동안 얻을 정보보다 더 많은 정보를 60초 이내에 얻을 수 있다.

유의사항: 이 방법은 사람들이 논의 중인 문제에 관해 자기 의견을 공개적으로 노출하는 것이 필요하다. 따라서, 참여자 간의 권력 불균형이 심하거나 자기 견해가 노출되는 것을 두려워하는 상황에서는 부적절하다. 또한 너무 심한 갈등을 겪은 나머지 다른 사람을

제외하려 하거나 평판을 망가뜨리려는 상황에는 적합하지 않다.

스펙트럼에서 문제를 어떻게 표현할지 사전에 신중하게 생각해야 한다. 가능하다면 여러 사람에게 당신의 표현을 시험해 보라. 그렇게 정교하게 준비된 표현은 혼동을 막고 그룹 활동을 위한 귀중한 시간을 절약할 수 있다.

후속 작업: 심각한 주제를 갈등 스펙트럼으로 다루기 전에 준비 활동을 하고 싶다면, 순수하고 재미있는 주제 한두 개로 먼저 스펙트럼을 해 볼 수 있다. 예를 들어, '축구는 우리의 국가 스포츠로 선언되어야 한다', '여름이 겨울보다 좋다', '채식 식단이 고기를 먹는 식단보다 더 건강하다' 와 같은 주제에 강력한 동의, 강력한 반대, 또는 그 사이 어딘가로 스펙트럼을 해볼 수 있다.

이 책에 수록된 모든 대화방법 중에서 갈등 스펙트럼은 대화 이외의 목적에도 가장 적합한 도구다. 이 방법은 다양한 종류의 의사결정에 큰 도움을 줄 수 있다. 예를 들면, 워크숍에서 빠른 결정이 필요한 질문이 생길 수 있다. '하루 종일 진행되는 워크숍에 저녁 세션을 추가할 에너지가 참여자에게 있는가?' 갈등 스펙트럼은 그룹의 의견이 어디에 있는지 보여주고 빠른 결정을 도와준다.

더 실제적인 문제에 관한 토론에서, 토론 전이나 후에 갈등 스펙트럼을 이용하여 그룹의 견해를 미리 확인하고 정보를 얻는 것이 좋다. 물론 최종 결정은 공식적인 투표나 합의 과정을 통해 내려야 한다.

갈등 스펙트럼은 사모안 서클로 원활하게 이어갈 수 있다. 갈등 스펙트럼을 한 후에, 세 그룹양 끝의 그룹과 가운데 그룹에서 각각 사모안 서클 대표자를 임명하게 한다. 세 그룹 대표자에게 준비 시간을 몇 분간 주고, 사모아 서클로 모이게 한다.

사모안 서클Samoan Circle

사모안 서클은 전문 진행자에게 가장 추천하는 대화방법이다. 중간 규모 그룹이나 대그룹을 위한 대화방법으로서, 단순하고 가장 유용하며, 사려 깊은 대화를 지원한다. 전체 그룹이 참여한 가운데 소규모의 사람들이 확장된 대화를 진행한다. 이 대화는 많은 참여자가 자발적으로 참여할 수 있도록 짜여 있다. 우리는 이 방법이 존중하는 대화로 이어지지 않는 것을 본 적이 없다.10)

절차: 각 관점을 대표해서 발언할 사람을 한 명씩 선정한다. 각 대표자가 앉을 의자를 반원 형태로 배치하고, 두 개의 예비 의자를 반원 양쪽에 놓는다. 각 대표자가 앞으로 나와 의자에 앉으면, 전체에 다음과 같이 이야기한다.

"우리는 여기 반원 안에서 토론을 진행하겠습니다. 이 토

---

10) 사모안 서클이라는 이름의 출처는 무엇인가? 어떤 사람들은 이것이 사모아 제도에서 사용되는 공동체 의사 결정 방법이라고 말한다. 다른 사람들은 혁신에 대한 이국적인 이름을 원했던 시카고의 두 전문 진행자가 만들었다고 말한다. 선택은 당신의 몫이다.

론에 가담하고 싶은 분은 언제든지 예비 의자 중 한 곳에 앉으시면 됩니다. 만약 자리가 모두 차면, 발언을 원하시는 다른 분들은 "예비" 의자 뒤에 서 계실 수 있습니다. 예비 의자 뒤에 서 있는 사람이 아무도 없다면, 발언자는 원하는 만큼 계속 발언할 수 있습니다. 만약 기다리는 사람이 있다면, 발언자는 다른 분이 발언할 수 있도록 존중하며 대화를 넘겨야 합니다. 대표자들, 즉 핵심 그룹은 서클이 진행되는 내내 서클 안에 머무를 것입니다. 하지만 되도록 다른 분들도 많이 나오셔서 이야기할 수 있기를 바랍니다."

"한 가지 기본원칙이 있습니다. 누구나 참여하는 것을 환영합니다만, 모든 의사소통은 서클 안에서만 이뤄져야 합니다. 야유나 박수, 환호 등은 금지합니다. 반원 안에 있지 않을 때는 침묵하고 경청해야 합니다. 모두가 이 기본 원칙을 따르시겠습니까?" 고개를 끄덕이거나 손을 들 때까지 기다린다.

서클을 구성한 후에 전문 진행자는 청중석에 앉아서 서클이 저절로 진행되도록 내버려두면 된다. 대화방법이 명확하고 간단하기 때문에, 대화가 시작된 후에는 전문 진행자의 개입이 거의 필요하지 않다. 그러나 만약 서클 안의 사람들이 어려워할 것 같으면, 전문 진행자가 서클 안에 앉아서 요약과 명확한 질문을 사용하여 어려운 순간을 해소할 수도 있다.

집중력 있는 경청 요소를 추가하기 위해, 어떤 전문 진행자는 "4장. 경청 의자를 사용한 인터뷰"에서 사용한 것과 같은 '경청 의자'를 추가하기도 한다. 그런 다음 각 발표자에게 경청 의자에 앉아 자기 말을 경청할 사람을 선택하도록 한다. 이 방법은 매우 강력한 추가 기능이 될 수 있지만, 진행 속도가 많이 느려지므로 이를 잘 수행하려면 강력한 진행 기술이 필요하다.

장점: 앞으로 나와서 더 큰 그룹이 지켜보고 있는 소그룹 중간에 자리 잡고 앉는 행위는 발언자가 최선의 행동을 하게끔 한다. 특히 긴장감이 높을 때, 사람들이 뒤에서 일어나 고함을 지르고 다른 사람에게 손가락질 하다가 군중 속으로 사라지는 일반적인 공개 그룹 토론보다 훨씬 뛰어나다.

사모안 서클은 발표자가 직접 논의의 장에 들어가서, 긴밀한 대화의 장에 참여하기를 요구하므로 이런 행동을 방지하게 된다. 이 대화법은 멀리서 '치고 빠지는' 값싼 사치를 용인하지 않는다. 사람들이 앞으로 나와서 자리에 앉고, 여러 번 대화를 나누기 때문에, 마이크 앞에 줄 서서 한 마디하고 다시 들어가 앉는 것보다는 대화가 더 깊다. 모든 사람이 말할 기회를 가질 수는 없겠지만, 사모안 서클은 실제로 꽤 많은 사람에게 참여 기회를 제공한다.

유의사항: 대화를 시작할 때, 공동의 규칙을 명확하게 설명해야 한다. 특히 대화의 첫 부분에서는 듣는 그룹이 완전히 침묵하도

록 한다. 이것은 보통 그리 어렵지 않으며, 토론의 나머지 시간 동안 경청하는 분위기를 지속할 수 있다. 대화 초기에 규칙을 어기는 것을 그냥 넘기고 이런 위반이 반복될 때까지 방치하면, 그룹이 다시 규칙을 지키게 하는 것은 더 어려워진다. 야유나 다른 방해가 있다면, 그 즉시 공동의 규칙을 상기시켜야 한다.

어항 대화법Fishbowl

한 그룹이 서클로 앉고, 대화를 나눈다. 나머지는 더 큰 원을 만들어 서클을 둘러싸고, 경청한다. 서클 안에 앉아 있는 사람들만 말할 수 있으며, 둘러싸고 있는 사람들은 침묵 속에 경청한다. 보통 두 그룹 모두 안쪽 서클에서 차례를 기다린다. 이것은 간단하고, 견고하며, 유연한 대화방법으로서, 상호 간 대화나 분석 또는 의사 결정을 위해 사용할 수 있다.

절차: 찬성하는 그룹과 반대하는 그룹, 30세 이하 그룹과 이상의 그룹 등, 그룹을 나눌 방법을 결정한다. 두 그룹 중에 한 그룹을 서클 안으로 초대하고, 다음과 같은 질문에 초점을 맞추어 대화를 진행한다. "우리가 가장 관심을 두는 사항은 무엇입니까? 우리가 가진 가장 큰 희망사항은 무엇이며, 가장 큰 두려움은 무엇입니까? 다른 사람들이 이해해 주었으면 하는 것은 무엇입니까?" 더 이상의 진행없이, 안쪽 서클 그룹은 질문에 대해 논의하고, 바깥쪽 서클 그룹은 경청한다. 그 다음 차례에 안쪽과 바깥쪽 그룹 사람들

이 자리를 교환한다.

장점: 어항 대화법은 진행자의 경력에 관계없이 아주 훌륭한 대화방법이다. 그룹 간에 직접적인 대화가 없기 때문에, 대화 진행에 특별한 전문성을 필요로 하지 않는다.

어항 대화법은 다양한 목적을 위해 사용할 수 있다. 여성들이 이야기하는 동안에 남성들이 듣는 형태로 활용할 수도 있고, 노동자들이 대화하는 동안 관리자들이 들을 수도 있다. 또 다르게는, 새 건물 건축 계획을 지지하는 사람들이 이야기하고, 반대하는 사람들이 경청할 수도 있다. 이 대화방법은 어떤 사안의 한쪽 의견을 가진 사람이 다른 사람의 방해를 받지 않고 자기 감정과 인식을 설명하고 탐색할 수 있도록 기회를 제공한다. 특히 사람들이 자기 의견이 명확하지 않고, 다른 사람의 직접적인 도전을 받을 준비가 되지 않은 환경에 적합하다.

또한, 여러 의견을 가진 사람들이 섞인 소규모 그룹이 다수가 경청하는 동안 방해받지 않고 대화할 수 있도록 어항 대화법을 사용할 수도 있다. 물론 의사 결정을 위한 대화법으로도 사용할 수 있다. 예를 들면, 여러 그룹이 대화를 나눈 후, 그들 사이에서 의견을 수렴해보도록 요청할 수 있다.

어항 대화법은 다른 많은 사람에게 영향을 미치거나, 양극화시키는 두 사람 사이의 갈등을 조정하는 일에도 사용할 수 있다. 이때, 두 사람은 다른 사람들이 경청하는 동안 어항, 즉 안쪽 서클에 앉아 대화한다. 두 사람의 갈등이 심할 때는 사람들 앞에서 갈등 중재를 시도하지 말라. 대신 개인적으로 둘을 중재하라. 중재가 성공하면, 그들을 전체 그룹 앞에서 어항에 앉히고, 합의한 내용에 대해 모든 사람 앞에서 토론하게 한다. 그렇게 다른 사람들도 합의에 동참하도록 유도할 수 있다.

유의사항: 어항 대화법은 참여자가 '반대 의견을 가진 상대방' 앞에서 공개적으로 이야기할 수 있는 범위 내에서만 작동한다. 그래서 매우 파괴적이지는 않은 갈등 상황에서만 사용할 수 있다. 초점을 맞출 문제와 그에 따른 힘의 역학관계를 세심하게 고려하라. 발언자가 권력을 쥔 사람 앞에서 말하기 어려워하는 사안을 말하도록 강요해서 그를 위험에 빠뜨려서는 안 된다. 특히 고용이나 참여자의 소속 문제가 걸려 있을 때는 더욱 주의해야 한다. 어항 대화법을 시작할 때 누구나 답변을 거부할 수 있다고 알리고, 대화가 진행되는 동안에도 이를 반복해서 말해준다.

나선형 대화법The Spiral

서클 프로세스와 사모안 서클을 합친 형태의 나선형 대화법은 토킹 피스를 통해 구조화되고, 사람들이 한가운데서 대화하는 안쪽 서클과 더 큰 바깥쪽 서클을 오가도록 초대한다.11)

---

11) 이 기술은 일부 수정을 거쳐 다음에서 참고했다. Jack Zimmerman, Virginia Coyle, *The Way of Council* (Putney, VT Bramble Books, 1996) 56-58.

절차: 전체 그룹이 큰 서클을 만들어 앉는다. 필요하면 두 개의 서클로 배치한다. 전체 서클 중앙에 4~8명이 앉을 만한 의자를 놓고 작은 서클을 배치한다.

논의 주제나 사안 등을 알려주고 침묵하기, 집중 호흡, 촛불 켜기, 기도, 진행자가 인도하는 명상 등의 짧은 중심 잡기 활동을 한다. 말할 준비가 된 참여자는 누구나 안쪽 서클에 앉도록 초청한다. 서클에 참석할 최소 인원을 정하고 이 정족수가 될 때까지 기다린다. 대화 인도자가 편안히 침묵하고 있으면, 정족수가 찰 때까지 기다리며 앉아있는 2~3분 동안 그룹이 잠잠해질 것이다. 안쪽 서클이 채워지면, 누구나 토킹 피스^{2장 참조}를 들고 발언할 수 있다. 발언이 마무리되면, 발언자는 토킹 피스를 왼쪽으로 건네고, 그렇게 서클을 돌며 발언권이 이어진다.

발언을 하고 난 후에는 바로 다음 발언자가 발언을 마무리할 때까지 원 안에 남아 있다가 자기 자리로 돌아간다. 그러면 바깥쪽 원에 있던 사람 중에서 한 명이 자유롭게 들어와서 대화에 참여할 수 있다. 이런 방식으로 참여자는 '나선형'으로 안쪽 서클로 들어왔다가 나가게 된다.

장점: 나선 대화법은 참여적이며, 상황이 격해지는 것을 막아준다. 사모안 서클의 많은 장점을 가지고 있으며, 참여자가 전적으로 스스로 선택하기 때문에 더 쉽고 빠르게 시작할 수 있다.

특이사항: 앞에서 설명한 것처럼, 나선 대화법에서는 각 사람이 안쪽 서클을 떠나기 전에 한 번씩만 말할 수 있다. 이를 통해 더 많은 사람이 참여할 수 있고, 후속 견해를 밝힐 수 있는 여지가 없기 때문에 의견 교환으로 상황이 격렬해 지는 것을 막는다.

이 대화법의 한 가지 단점은 발언 뒤에 의견 교환이 없기 때문에 논의가 깊어지지 않을 수 있다는 것이다. 때로는 사모안 서클 유형의 대화가 더 나을 때도 있다. 자리로 돌아가기 전에 다른 사람들과 여러 번 교류할 수 있도록 하는 것이 바람직할 수도 있다.

원한다면, 규칙을 조정할 수도 있다. 참여자가 자기 자리로 돌아가기 전에 두 차례 발언할 수 있도록 하거나, 안쪽 서클에 아무도 오지 않아 빈 자리가 있을 때는 자리가 채워질 때까지 안쪽 서클에 있는 사람들이 자유롭게 머무르게 할 수도 있다. 이렇게 하면 보다 심도 있는 대화를 나눌 수 있다.

하나의 대화에서 두 가지 접근 방식의 장점을 모두 활용할 수도 있다. 발언자가 한 번씩만 말하는 엄격히 제한된 접근법에서 시작하여, 되도록 많은 사람이 참여할 수 있도록 30분 정도 진행한다. 그런 다음, 후속 대화를 허용하는 좀 더 편안한 접근 방식으로 전환한다고 알린다. 후자는 깊은 대화의 여지를 주는 동시에, 대립하는 의견을 교류할 여지도 만든다는 점에 유의해야 한다. 필요하다면, 전문 진행자가 바꿔 말하기, 명확한 질문 던지기 등의 방법으로 개입한다.

비교차 대화법No Crosstalk Dialogue

비교차 대화법은 서클 프로세스처럼 사람들이 말하고 듣도록 초대하는 대화다. 논의되는 대화 내용에 대해 논평하거나 합의를 구하지 않는다. 서클 프로세스와는 다르게 정해진 순서 없이 자유롭게 돌아가며 발언하고, 발언과 발언 사이에 잠시 침묵의 순간을 갖는다.

절차: 참여자는 서클로 앉고, 주제나 사안에 대한 자기의 관점을 한 번에 하나씩 이야기한다. 그룹에게 다음의 지침을 전달한다.

"이 모임의 목적은 사람들이 각자의 관점과 경험을 깊이 있게 말하도록 돕는 것이지 서로에게 반응하기 위한 것이 아닙니다. '나는…', '내…' 처럼 나 자신의 생각이나 느낌을 말하도록 노력합니다. 예를 들어, '내 느낌으로는…, 내가 주목하는 것은…, 내 경험은…, 내가 걱정하는 것은…' 으로 말합니다."

"다른 사람의 발언에 대해 어떤 논평이나 응답도 하지 않습니다."

"모든 사람이 한 번씩 말할 때까지 두 번째 발언은 하지 않고 기다립니다."

"깊이 경청하십시오. 누군가 말을 마친 후 그 말이 마음에 충분히 내려앉을 때까지 최소 20초 정도 침묵합니다. 그

후, 다음 사람이 발언할 수 있습니다."

모임의 전체적인 분위기가 안정될 때까지 처음 몇 분 동안은 바짝 주의해야 한다. 사람들에게 자기 관점이나 경험에 대해서만 이야기해야 한다는 것을 상기시킨다. 발언 사이사이에 침묵이 확실히 지켜지도록 한다. 그렇지 않으면, 발언에 반응하려고 하는 패턴이 자리잡게 된다.

'나' 중심 진술어로 말을 시작하는 것이 서툴고, 발언과 발언 사이에 얼마나 침묵해야 하는지가 불확실할 것이다. 이러한 어색함은 그룹이 일반적인 반응 패턴에서 벗어나 더 깊게, 보다 의식적으로 책임감을 갖고 상호작용하도록 한다. 처음 몇 분 동안 명확하게 안내하면, 사람들은 곧 스스로 조절하는 방법을 배우게 되고, 서로를 존중하는 분위기가 조성되며, 개입이 덜 필요하게 된다. 하지만 필요하다면, 개입할 준비를 해야 한다.

장점: 서클 프로세스와 마찬가지로, 비교차 대화법은 대화 속도를 늦추고 정중하게 경청하는 분위기를 만든다. 하지만 이 대화법은 서클 프로세스보다는 더 자연스럽고, 참여자가 자기 차례에 무엇을 말할지 고민할 필요가 없다. 시간이 지나면서, 비교차 대화법은 사람들이 동의하지 않는 관점을 포함하여 다양한 관점을 듣고 이해하는 능력을 키우는 데 도움이 된다.

유의사항: 처음에는 참여자가 발언에 반응하지 않는다는 지침을 지키는 것이 어려울 수 있다. 부드럽게 개입하여 대화의 기본 규율을 강화할 준비를 하라.

후속 작업: 대화 나눔이 이미 충분해 보일 수도 있고, 아니면 이어지는 활동으로 사람들이 들은 것을 성찰하고 반응할 수 있도록 기회를 주는 절차를 진행하고 싶을 수도 있겠다.

열린 문장 대화Open Sentence Dialogue

열린 문장 대화는 개인이 이전 토론이나 들은 것에 대한 반응으로 자기 생각과 감정을 명확히 하는 데 도움이 되는 간단한 일대일 대화 기술이다.[12] 참여자는 짝을 지어 전문 진행자가 불러주는 세 개의 열린 문장을 완성한다. 전문 진행자는 이 질문들로 참여자 간 상호작용을 안내하고 그 속도를 조절한다. 문장의 순서는 생각, 감정, 새로운 가능성 순으로 이어진다.

절차: 그룹을 2명씩 짝지어 사람들이 편안하게 서로 마주 앉도록 초대한다. 각 조에서 먼저 말할 사람과 들을 사람이 누구인지 정하고, 진행이 시작될 때까지 침묵하도록 요청한다.

이 대화의 목적을 설명한다. a 발언자에게 문제에 대한 자기 생

---

12) 이 활동은 www.co-intelligence.org/P-pensentence.html에 설명되어 있으며, 이는 Joanna Macy, Molly Young Brown, 『생명으로 돌아가기』(모과나무, 2020)에서 온 것이다.

각과 느낌을 설명할 수 있는 기회를 제공한다. 듣는 사람은 판단하지 않고 세심하게 경청한다. 좋은 경청은 말하는 사람의 생각을 명확히 하는 데 도움이 된다. b 경청자가 받아들임과 주의 깊은 경청 훈련을 연습하기 위한 것이다.

전문 진행자가 몇 분 간격으로 열린 문장을 불러 줄 것이라고 설명한다. 각 발언자는 주어진 시간 동안 더 많은 생각을 이어가면서 문장을 반복하고 완성한다. 듣는 사람은 되도록 집중하고 열린 마음으로 조용히 듣는다. 듣는 사람은 반응하지 않는다. 발언자가 하고 싶은 말을 모두 했다면, 두 사람은 다음 문장이 주어질 때까지 조용히 앉아 있는다. 처음 발언자가 세 개의 열린 문장을 완성하면, 그 다음에는 역할을 바꾸어서 듣던 사람이 발언자가 된다. 앞선 것과 같은 세 개의 열린 문장을 반복하고 완성한다.

다음과 같이 첫 번째 열린 문장을 불러 준다. "저는 [토론 주제]에 대해서 많은 것을 들었습니다. 그리고 아직 제가 가지고 있는 질문은…." 발언자에게 몇 분간 응답할 시간을 준다. 각 조를 주의 깊게 관찰하고, 몇몇 발언자가 말을 마쳤으면 "지금 하고 있는 말을 마무리하고 다음 문장을 준비해 주세요"라고 부드럽게 신호를 보낸다. 또는 작은 종을 울리거나 박수로 신호를 줄 수도 있다.

발언자에게 두 번째 문장을 불러 준다. "내가 [주제]에 대해 들으면서 느낀 감정은…." 첫 번째 문장에서 한 것처럼 마무리한다.

발언자에게 세 번째 문장을 불러 준다. "하지만 [주제]는 몇 가지 새로운 가능성을 제시하고, 우리가 그룹으로 함께 직면하면 …

을 할 수 있습니다."

세 번째 문장까지 한 뒤, 역할을 바꿔 같은 순서를 다시 진행하도록 한다.

장점: 이 대화법은 간단하고 매우 체계적이다. 실질적으로 서로 의견을 주고받지 않기 때문에 갈등이 확대될 위험이 없다. 자기 의견을 경청하길 바라는 마음을 충족시켜 준다.

유의사항: 발언에 대응할 기회가 부족하여 실망하는 사람이 있을 수 있다.

후속 작업: 위에서 언급한 열린 문장은 사람들의 생각과 감정을 자극하는 활동이 선행되어야 하는 "중간in-between" 연습이 된다. 이러한 필요성을 없애기 위해 다음과 같이 문장을 변경할 수 있다. 1) 내가 [주제]와 관련하여 가장 신경 쓰는 것은… 입니다, 2) 나의 가장 큰 두려움은… 입니다, 3) 이 문제에 함께 직면하는 것은… 인 것 같습니다.

어떤 경우이든, 의견을 주고받지 않는 열린 문장 대화에 이어 더 많은 작업을 할 수 있는 기회를 만들라. 다음과 같이 할 수 있다. 1) 짝끼리 몇 분간 자유롭게 대화하고 의견을 교환할 수 있는 시간을 준다. 2) 두세 개의 짝 그룹끼리 소그룹을 구성하여, '열린 문장 대화에서 얻은 통찰' 이라는 주제로 서클 프로세스를 진행한다. 3)

사모안 서클이나 다른 도구로 공개 그룹 성찰을 진행한다. 4) 경청에 대한 간단한 개인적인 성찰을 적어 제출하게 한다.

동맹 서클

참여자들이 둥그렇게 선다. 한 사람이 서클 안쪽에 들어와 '나' 중심 진술어로 이야기한다. 이 진술을 똑같이 사실로 느끼는 다른 사람들도 서클 안쪽에 함께 선다. 나머지 사람들은 바깥 서클에 그대로 있는다. 전문 진행자가 발언자에게 "누가 당신과 함께 서 있는지 보세요. 누가 목도하고 있는지 확인하세요"라고 한다. 동맹 서클은 빠르고 강력한 대화 도구다. 토론을 시작하거나, 격렬한 대화 후에 결산을 하거나, 의사 결정 과정에서 그룹이 어디에 서 있는지 파악하거나, 관계를 심화하거나, 움직임을 통해 그룹 에너지를 끌어올릴 때 사용하라.

> '나' 중심 진술어(I-statement)는 자기에 대한 진술이다. '너' 중심 진술어(you-statement)가 타인에 초점을 맞추는 반면, '나' 중심 진술어는 자기에 대한 정보를 제공한다. 예를 들면, 다음과 같다. "나는 실망했다.", "나는 혼란스럽다.", "이 경험에서 내가 가장 좋아하는 것은… 이다."

절차: 그룹을 동그랗게 모아 놓고 진행 과정을 설명한다. 가벼운 것부터, 개인적인 것, 깊이 있는 관찰까지 다양한 어조로 말할 수 있다는 점을 분명히 한다. 예를 들면, 다음과 같다. "나는 색이

알록달록한 양말을 신고 있습니다."^{가벼운 것} "나는 혼혈 가정에서 태어났습니다."^{개인적인 것} "나는 이러저러한 것을 발견했습니다."^{깊이 있는 관찰} 다양한 어조로 예시를 보여주고, 그룹이 고착되어 있을 때는 진행자가 개입해서 분위기를 전환할 수 있도록 준비하라. 그룹은 종종 다양한 수준의 어조를 번갈아 사용하고는 한다. 대화의 에너지가 줄어들면 활동을 종료한다.

장점: 이 대화법은 빠르고 쉽게 사용할 수 있다. 이를 통해 참여자는 서로 어느 부분에서 동의하고, 또 다른지에 대해 다각적인 감각을 갖게 된다. 이는 또한 동의와 이견을 차분하게 목도하는 시범을 보여주기도 한다.

유의사항: 갈등 스펙트럼과 마찬가지로 참여자의 견해와 감정이 노출되는데, 참여자가 그것을 자세히 드러내기 안전하지 않다고 느끼는 경우에는 이 방법이 부적절하다. 고통스러운 내용이 나올 수 있다는 점에 주의하고, 필요하면 심도 있는 대화가 가능한 형식으로 추가 대화 준비를 한다.

후속 작업: 이 대화법은 다음 단계로 전환하기 위한 도구다. 사람들이 어디쯤 위치해 있는지 알 수 있지만, 대화가 없기 때문에 깊은 대화는 가능하지 않다. 몇 분 정도 사용하고, 에너지가 사라져 버리기 전에 다음 단계로 넘어간다.

월드 카페|World Café

월드 카페는 크고 작은 그룹이 뜨거운 주제에 대해 토론하도록 돕는 대화법이다. 편안한 대화 유도를 위한 환경에서 진행되며, 많은 기술이 필요하지 않다. 참여자는 네 명씩 음료나 간식이 놓인 테이블에 둘러 앉고, 신중하게 선정된 질문에 관해 일련의 대화를 나눈다. 대화가 한 바퀴 끝날 때, 한 명은 테이블 지킴이로 남아 있고, 나머지 세 명은 다른 테이블로 이동하여 대화를 이어간다.13)

절차:

1. 준비. 고려해야 할 사항

- 초점. 탐색하려는 주제나 문제를 명확하게 정의한다.

- 목적. 월드 카페를 통해 무엇을 달성하고 싶은가? 이것을 명확히 한다. 사전 공지, 환영사 등 이 목적을 언제, 어떻게 참여자와 소통할지 생각한다.

- 누가 이 대화에 참여해야 하는가? 다양한 의견이 제시될 수 있도록 보장하는 방법을 고려하라. 또한 대화 결과에 영향을 받기 때문에 대화에 참여해야 하는 참여자가 있는지 생각해 보아야 한다.

- 장기적으로 상상할 수 있는 가장 좋은 결과는 무엇인가? 이번 일을 통해, 결과로 가는 과정을 어떻게 설계할 것인가?

---

13) 월드 카페는 Juanita Brown과 David Isaac에 의해 고안된 것으로 www.theworldcafe.com에 자세한 묘사와 설명이 있다. 이곳에 서술된 설명은 www.co-intelligence.org/{-worldcafe.html에서 온 것이다.

2. 친절한 공간 만들기

따뜻한 초대장을 만든다. 문제 해결을 위한 개입이나 의사 결정이 아닌, 열린 탐험으로 월드 카페를 설명할 수 있도록 문구를 작성한다. 테이블을 일렬로 배치하지 말고, 무작위로 엇갈리게 배치한다. 가능하면 5명 이하로 앉을 수 있는 원형 탁자를 사용한다. 테이블마다 종이 식탁보를 깔거나 전지를 두 장씩 깔아 필기나 낙서를 할 수 있게 하고, 마커를 놓아 사람들이 종이에 쓰고 그릴 수 있게 한다. 각 테이블에 꽃이나 양초를 놓는다. 사람들이 도착할 때, 부드러운 음악을 틀어 놓는다. 다과를 준비한다.

3. 토론 주제 고르기

토론 아이디어를 신중한 말로 풀어내는 것이 대화의 성공을 위한 핵심 요소다. 좋은 토론 주제는 사람들이 다른 사람을 판단하지 않고 자기 견해를 이야기하는 데 도움이 된다. 예를 들면, 다음과 같다.

- 주제에 대한 나의 견해에 영향을 준 인생 경험 또는 이야기
- 나의 가장 큰 기대와 가장 큰 두려움
- 내 생각과 다른 견해에 대한 장점, 내 견해에 대한 의구심
- 내 견해의 근간이 되는 전제 중, 틀린 것으로 판명될 때 재검토가 필요한 두 가지 전제
- 가능한 공통 영역
- 우리 각자가 이 모임에 온전히 집중하는 데 방해되는 것은 무

엇인가요?

- 만약 신의 목소리나 우리보다 더 위대한 존재가 우리에게 말한다고 상상해본다면, 뭐라고 말할까요?

- 우리를 하나로 모으는 것은 무엇일까요?

- 우리 대화에 치유를 가져다줄 수 있는 어떤 행동이나 말을 서로에게 할 수 있을까요? 어떻게 하면 치유의 공동체가 될 수 있을까요?14)

4. 첫 번째 라운드

첫 번째 테이블 대화를 20~45분 동안 진행한다. 잘 모르는 사람들과 함께 앉도록 유도한다. 테이블에서 서로 자기 소개를 하게 한 다음, 한 가지 또는 여러가지 집중 질문을 한다.

대화를 시작하기 전에, 경청의 중요성에 대해 언급한다. "각 사람이 진정으로 현명하며, 그가 당신이 이전에 들어본 적이 있지만 아직 완전히 이해하지는 못한 진실을 나눠주는 것처럼" 경청할 것을 제안한다. '더 깊은 질문, 패턴, 통찰력, 새로운 관점'과 더불어, 말한 것뿐만 아니라 말하지 않은 것에도 귀를 기울이도록 사람들을 초대한다.15)

각 테이블에 토킹 피스를 배치하여 서클 프로세스로 진행할 수도 있다. 어떤 경우든지 각 라운드가 끝나기 5분 전에 알려준다. 테

---

14) 보다 많은 질문 예시는 www.co-intelligence.org/P-worldcafde2.html를 참조하라.

15) 따옴표 안의 문장은 www.co-intelligence.org/P=worldcafe2.html에서 발췌했다.

이블마다 두 번째 라운드에 테이블 지킴이로 남아있을 한 사람을 정하게 한다. 나머지 사람은 두 번째 라운드를 위해 모두 다른 테이블로 이동한다.

5. 추가 라운드 진행

두 번째 라운드에서 테이블 지킴이는 첫 번째 라운드에서 나눈 대화를 요약하여 새로운 그룹에게 전달한다. 첫 번째 라운드와 동일한 질문을 사용할 수도 있고 새로운 질문을 할 수도 있다. 시간이 된다면, 동일한 패턴으로 세 번째 라운드를 할 수도 있다.

6. 집단 배움을 위한 경청

월드 카페는 여러 번의 대화를 통해서 보이지 않는 연결망을 엮어낸다. 마지막 단계에서 모든 사람이 이 작업의 결과를 보게 된다. 각 테이블 그룹에 여러 번 이동하며 대화하면서 무엇이 가장 의미 있었는지 성찰하도록 안내하고, 테이블별로 핵심적으로 요약하여 전체 그룹에 보고하게 한다.

이러한 학습 내용을 그룹별로 보고할 때, 차트용 종이에 기록하거나, 각 그룹이 게시할 수 있게 큰 포스트잇에 기록하거나, 테이블에 있는 큰 종이에 기록하게 한다.

그런 다음 침묵으로 반응하도록 초청한다. 여기서 무엇이 떠오르나요? 이 방에 단 하나의 목소리가 있다면, 무엇을 말하고 있을까요? 여기서 어떤 더 깊은 질문이 떠오르나요? 어떤 패턴이 보이

시나요? 패턴이 있다면, 우리가 앞으로 나아가는 데 어떤 도움이 될 수 있을까요? 이러한 대화의 결과로 우리는 무엇을 보고 알게 되었나요?16)

이러한 '깊은 생각'을 존중하고 빠른 반박의 대상이 되지 않게 하는 방식으로 이야기를 나눈다. 다음과 같은 선택이 가능하다.

- 각 개인이 생각을 작성해서 제출하도록 한다. 모아서 문서로 입력하고, 나중에 나눠준다.
- 그룹으로 사람들을 초청하되, 토론은 허용하지 않는다. 어떤 대화나 내용을 명확히 할 필요가 있다면, 그 사람을 인터뷰한다4장. 전체 그룹이 참석한 인터뷰 참조 만약 서로 모순되는 '깊은 생각'이 있다면, 그 생각은 발표자의 생각만 반영하는 것이지, 반드시 다른 사람의 생각을 반영한 것은 아니라는 점을 강조한다. 일치된 의견이 있다면, 명확하게 합의하는 것이 좋다.
- 사모안 서클을 만든다. 참여자가 자기 성찰을 다른 사람과 나누고 토론하도록 초청한다.

참여자가 자기 테이블에서 생각을 나누도록 한다. 각 테이블은 벽에 붙이거나 나중에 토론할 때 사용할 수 있도록 큰 전지에 요약 내용을 적는다.

---

16) 질문은 www.co-intelligence.org/P=worldcafe2.html에서 발췌했다.

장점: 이 대화법은 참여도가 높고 평등하다. 확장된 대화는 관계를 쌓아간다. 이 대화법에서는 소수의 사람이 그룹을 지배하는 것은 불가능하다. 한 라운드 짜리 짧은 버전의 아이스브레이킹을 사용하거나 다른 활동의 전주곡으로 사용할 수 있다.

유의사항: 긴장감이나 적대감이 높다면, 소그룹에서 성공률을 높일만한 방법을 생각해 보아야 한다. 서클 프로세스를 기본 구조로 사용하라. 또는 각 테이블에 고정 진행자를 지정하고, 대화모임 전에 몇 시간의 진행 교육을 제공하는 것도 고려하라.17)

많은 다양한 회의에서 "그래서 그 다음은 무언가요?"라는 질문이 무시되곤 한다. 모든 대화 상황에서 이 질문에 시간을 할애하는 것은 가능하지도 않고 바람직하지도 않다. 하지만 신중하게 생각해 보아야 한다. 다음 단계나 활동이 무엇인지 알고 있다면, 월드카페나 다른 대화 세션을 마무리할 때 반드시 강조하라. 때로는 다음 단계를 결정하기 위한 15분 그룹 토론이 큰 도움이 된다. 좀 더 쉽게는 누가, 어디서, 언제 다음 단계를 계획할 것인지를 그룹 토론하라.

양극단 관리Polarity Management

많은 갈등에서 드러난 문제 이면에는 해결해야 할 문제보다는 관

---

17) Ron Kraybill, *Group Facilitation: Skill to Facilitator Meetings and Training Exercises to Learn Them* (www.RiverhouseEpress.com, 2005)을 보라..

리해야 할 양극단이 존재한다. 조직은 장치를 더 많이 만들거나 더 좋게 만들어야 하는 것일까? 사람들이 잠시 멈춰서 논쟁의 양쪽 측면을 살피다 보면, 두 가치 모두 중요하다는 것을 깨닫는 때가 있다.

장기간, 아니면 단기간? 직원을 친절하게 대하는 것, 아니면 생산성을 높이는 것? 더 많은 것, 아니면 더 나은 것? 전통, 아니면 창의성? 용서, 아니면 책임? 이러한 양 측면 중 어느 한쪽을 놓치면 그룹이나 조직에 피해를 줄 수 있다. 이런 논쟁에서는 양쪽 모두 상대방의 에너지와 기술이 필요하다. 양극단 관리는 그룹이 말 그대로 양극단의 이익과 비용 모두를 고려하도록 돕는 대화법이다. 배리 존슨Barry Johnson은 획기적인 저서, 『양극단 관리: 풀리지 않는 문제를 규정하고 관리하기』18) 에서 이 언어와 개념을 개발했다.

사안이 진행 중이거나 결정을 내려 '끝낼' 수 없을 때, 사안에 대한 두 가지 주요 견해 사이에 상호 의존성이 있을 때, 양극단이 존재할 수 있다. 각 견해의 기저에 중요한 가치가 있을 때가 많다. 아래 지침 설명에서는 "기본 가치"라는 언어를 사용하지만, 전문 진행자는 "주요 관심사" 또는 "깊은 헌신"이라는 말로 이를 대체할 수 있다.

절차

1. 갈등의 근간이 되는 가치 또는 약속을 정의한다. 각각의 주

---

18) *Polarity Management* (Amberst, MA:HRD Press, 1996)와 인터넷에서 "polarity management"를 검색하면 많은 추가 정보를 확인할 수 있다. 어떤 퍼실리테이터는 양극단(Polarity)보다 딜레마(dilemma)라는 말을 선호한다.

요 관점에 대해 사람들이 이런 견해를 가지게 된 어떤 깊은 관심이나 헌신의 동기가 있는지 묻고 경청한다. 예를 들어, 관리자가 향후 업무에 대한 서면 제안을 요구할 때 저항하는 직원 뒤에는 **자율성**에 대한 헌신이 있다. 세부적인 제안에 대한 관리자의 고집 뒤에는 **팀워크**에 대한 헌신이 숨어 있다.

때로 하나의 갈등 이면에 양극단이 **여러 개** 존재하기도 한다. 전통 대 혁신, 법 대 은혜, 자유 대 책임, 안정성 대 변화, 자발성 대 예측 가능성, 직관 대 추론 등이 그렇다. 이럴 때는 몇 가지를 나열한 다음, 가장 긴장감이 느껴지는 한두 가지를 그룹과 함께 선택하여 작업한다. 양쪽 지지자들이 존중받는다고 느낄 수 있도록 각 양극단에 중립적인 이름을 붙여야 한다.

만약 전체 그룹이 양극단 토론을 함께하기에는 시간이 짧다면, 토론할 양극단과 그것을 어떻게 표현할지를 미리 선택한다. 다만, 그 내용이 어떤지 양극단의 여러 사람에게 반드시 확인해 보라. 시간이 된다면, 열린 그룹 토론이나 사모안 서클을 사용해서 그룹이 직접 토론할 양극단을 고를 수 있도록 이끌어 줄 수도 있다.

2. 바닥에 종이 테이프를 붙이거나 물건 몇 개를 전략적으로 배치하여 공간을 네 개의 큰 사각형으로 나눈다. 각 가치를 배타적으로 강조할 때 발생하는 비용과 이점을 함께 살펴볼 것이라고 설명한다.

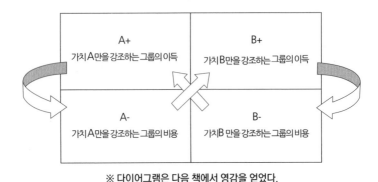

| A+
가치 A만을 강조하는 그룹의 이득 | B+
가치 B만을 강조하는 그룹의 이득 |
| A-
가치 A만을 강조하는 그룹의 비용 | B-
가치 B만을 강조하는 그룹의 비용 |

※ 다이어그램은 다음 책에서 영감을 얻었다.
배리 존슨, 『양극단 관리: 풀리지 않는 문제를 규정하고 관리하기』
(Polarity Management: Identifying and Managing Unsaleable Problems, Amherst, MA: HRD Press, 1996)

3. 그룹 전체가 A+ 사분면에 서도록 초대한다. 사람들에게 가치 A만을 강조함으로써 얻을 수 있는 이점을 언급하도록 요청한다. 예를 들면, 만약 양극단이 전통 대 창의성이라면, A+는 전통만 강조하는 것을 나타낸다. 다양한 이점이 명명된 후 다음과 같이 말한다. "실생활에서 우리 그룹이 한동안 이 가치에 전적으로 관심을 쏟았다고 상상해 봅시다. 얼마 후, 어떤 사람들이 좌절하기 시작합니다. 이 가치에만 집중할 때 치루어야 할 대가를 깨닫게 되었기 때문입니다. 불만족하는 사람이 꽤 많아집니다. 그래서 이번에는 A-면으로 가서 그 비용이 어떤 것인지 생각해 봅시다." 전체 그룹과 A-면으로 이동하고, 어떤 비용이 있을지 말하도록 초대한다.

4. 수많은 비용이 언급된 후에 이렇게 말한다. "가치 A에만 주목할 때 그 비용이 너무 분명해서 사람들이 변화를 요구하기 시작

하고, '우리는 가치 B에 중점을 두어야 합니다' 라고 말합니다. 시간이 지나면서, 가치 A에만 집중할 때의 비용이 분명해질수록 가치 B는 더욱 매력적으로 보입니다. 따라서 B+면으로 이동하여 이점을 고려해 보겠습니다." 그룹을 B+면으로 이끌고 가서, 가치 B에 모든 자원을 집중할 때의 이점을 말해보도록 인도한다.

5. 그런 다음, 이렇게 말한다. "가치B가 한동안 매력적으로 보이지만, 시간이 지나면서 이 가치에만 관심을 두는 데 문제가 있다는 것을 일부 사람이 깨닫기 시작합니다. 가서 그들이 말하는 것을 들어봅시다." 그룹과 B−면으로 이동하고, 모든 자원을 가치 B에 집중할 때 드는 비용을 말해보도록 한다.

6. 이렇게 말한다. "시간이 좀 지나면, 많은 사람이 가치 B만 강조하는 데 드는 비용에 대해 잘 알게 됩니다. 그들은 변화를 원하고, 가치 A는 정말 매력적으로 보입니다. 따라서, 가치 A의 이익으로 돌아가 보겠습니다." A+면으로 돌아간다. 그룹과 함께 터져 나오는 웃음을 즐겨라! 그리고 이렇게 말하라. "우리는 어느 한쪽으로 결정되어서는 안되고, 오히려 양쪽을 계속해서 다루어야 하는 사안을 한 쪽으로만 결정하려고 한 집단의 생애 주기를 방금 막 경험했습니다. 이런 그룹은 보통 한쪽 극단에서 다른 쪽으로 길고, 느리게, 8자 모양을 그리며 이동합니다. 이제 자리로 돌아가서 대안에 대해 이야기해봅시다."

7. 그룹 전체가 경험을 되돌아본다. 시간이 된다면, 소그룹 토론으로 시작한 다음 전체 그룹 토론이나 사모안 서클로 전환한다. 유용한 질문은 다음과 같다. a) 우리가 처한 상황에 대해 어떤 통찰을 얻었는가? b) 이 어려움을 해결해야 할 문제가 아닌 관리해야 할 양극단으로 다루기로 선택하면, 이것이 그룹 생활과 서로에 대한 감정에 어떤 영향을 미칠 것인가? 우리는 어떤 유익을 얻게 될 것인가? 우리는 어떤 어려움을 마주하게 될 것인가? c) 이 양극단을 잘 관리하기 위해 서로에게 구체적으로 어떤 말과 행동을 해야 하는가? d) 우리가 이 역설을 잘 관리할 수 있도록 함께 협력하기 위해 해결해야 할 것이 있는가? 특히, 우리가 이 상황을 해결해야 할 문제로 여겼던 과거의 상처가 남아있는가?

장점: 양극단 관리는 사람들이 깊이 간직한 견해를 성찰하기 위해 몸으로 돌아다니게 한다. 의도적인 신체 움직임은 항상 대화를 돕는다. 이를 통해 사람들은 각 관점을 검토할 때 하나의 그룹으로 함께 설 수 있게 된다. 이는 복잡한 문제를 검토하기 위한 간단하고 명확한 구조를 제공한다. 이 연습을 마치면, 사람들은 사려 깊고 성찰하는 자세로 돌아오게 된다.

유의사항: 양극단 관리는 복잡성을 인식하게 하는 도구다. 전문 진행자를 위해 문제를 대신 결정해 주거나 답을 주지는 않는다.

또한 모든 갈등이 극단에서 비롯되는 것은 아니다.19)

후속 작업: 절차 단계 7에서 설명한 대로, 활동을 성찰하는 어떤 후속 활동을 진행해야 한다. 만약 긴장 상황이라면, 단순히 "우리는 관리해야 할 양극단이 있다는 것에 동의합니다"라고 말하고 넘어가는 것은 충분하지 않다. 좋은 관계를 유지하고, 시간에 지남에 따라 서로 다른 강조점을 통해 진정한 이득을 얻을 수 있도록 서로에게 무엇이 필요한지 구체적인 용어로 토론한다.

타임라인 이야기|Timeline Stories

타임라인 이야기 대화법은 사람들이 갈등에 대한 자기 인식을 형성하는 주요 이야기를 알아차리고 그것을 다른 사람들과 공유하는 데 도움이 된다. 이러한 이야기를 말하고 듣는 것은 사람들을 더 깊은 이해의 장으로 이끌고, 그룹 안에 공유된 이야기를 조성하는 데 도움이 된다.20)

절차:

1. 각 참여자는 토론 중인 주제를 이해하는 데 특히 중요하다고 생각하는 세 가지 사건이나 날짜를 선택한다. 다른 사람들에게 기

---

19) 양극단(이 사이트에서는 딜레마라고 함)이 실제로 존재하는지 여부를 결정하는 데 도움이 필요하면 문제 유형에 대한 에세이를 참조하라. www.problemsolving2.com/promblem_types/type_examples.php

20) Odelya Gertel이 만들었다. 이스라엘 사람과 팔레스타인 사람 사이의 워크숍에서 많이 사용한 기법이다.

꺼이 공유할 만한 것이어야 한다. 참여자 홀로 몇 분 동안 작업할 수 있도록 한다. 원한다면, 10분 간 온전히 침묵하며 산책하도록 사람들을 초대하여 이 경험을 심화할 수도 있다.

2. 참여자를 2~4명의 소그룹으로 나누되, 각 그룹 안에 다양한 사람이 모이도록 구성한다.

3. 소그룹에서 각자 자기가 선택한 세 가지 사건이나 날짜에 대해 이야기한다. 기본 규칙은 다음과 같다. 경청, 내용을 명확히 하는 질문만 허용되며, 토론은 없다. 1인당 최소 10분 이상을 할애한다.

4. 모임 공간 앞쪽에 있는 차트용 종이나 전지에 타임라인을 그린다. 전체 그룹을 하나의 큰 서클로 모으고, 각자가 전체 그룹에 나눌 이야기를 하나 선택하도록 초대한다. 앉아 있는 순서대로 돌아가면서 이야기한다. 한 사람씩 나눔을 마칠 때마다, 타임라인으로 가서 이야기 속 사건이 일어났던 날짜, 기호 또는 이름을 적는다.

5. 다음 사안 중 하나 이상을 사용하여 연습을 마무리한다.

- 다른 모든 그룹과 마찬가지로, 이 그룹이 영구적이지 않다는 점을 짚어준다. 참여자는 다양한 곳에서 와서 잠시 모였다가 흩어진다. 그룹의 단합을 쌓는 가장 신뢰할 만한 도구는 공유된 경험과 이야기다. 이러한 이야기를 서로에게 말함으로써, 공통의 경험, 즉 참석자 모두가 공유하는 이야기를 만들어낸다. 많은 그룹에게 이것은 그 자체로 중요한 성과다.

- 다음 주제 중 하나 이상에 대해 짝으로, 소그룹으로, 또는 대그룹 서클 프로세스 안에서 성찰한다. 제가 이 경험에서 배운 것은⋯ 입니다, 이 경험에서 가장 좋았던 것은⋯ 입니다, 저는 이번에 제 자신또는 그룹에게서⋯ 와 같은 것을 느낍니다.
- 그룹이 가야 할 다음 단계에 대해 토론한다. 서클 프로세스, 사모안 서클이나 공개 그룹 토론을 사용해서 이것을 구성한다.

장점: 전문 진행자의 역할이 대부분 명확한 지침을 제공하는 것이어서 간단하게 진행할 수 있는 연습이다. 당사자 간에 실제로 주고받는 대화가 많지 않기 때문에 진행자가 통제하기 어렵지 않다. 특히, 수 년간 여러 양상으로 전개된 장기적인 갈등에 유용하다. 또한 그룹과 함께 작업하는 초기에도 특히 유용하다. 사람들이 일반적인 자세를 벗어나 서로를 알아가는 데 도움이 된다.

타임라인 이야기 대화법은 사람들이 역사를 바라보는 자기 관점이 얼마나 주관적인지 알 수 있게 도우며, 그런 방식으로 사건을 살펴볼 기회를 제공한다. 또한 오랜 갈등으로 구성원이 분열된 상황에서 팀을 만들어가는 훈련으로도 효과적이다.

유의사항: 타임라인 이야기 대화법은 의사 결정 도구가 아니라, 대화를 돕는 도구이다. 이 대화법만 독립적으로 사용할 수 있는 그

런 도구도 아니다. 위에서 언급한 논의 제안 중 하나 이상의 후속 작업이 필요하다.

스터디 서클

스터디 서클은 낙태, 사형제, 인종 차별, 교육, 성장 및 개발, 폭력과 안보와 같이 기관이나 전체 커뮤니티를 양극화하는 문제를 중심으로 사람들을 모은다. 다양한 참여자 그룹이 여러 세션에 걸쳐 계속되는 대화를 통해 문제를 심층적으로 탐구한다.

서면 자료는 토론을 뒷받침하고, 문제를 소개하고, 주요 질문을 제시한다. 대화는 일반적으로 개인적인 이야기로 시작하여, 다양한 관점과 가능한 해결책을 파악하고, 마지막으로 행동과 변화의 가능성으로 이동한다. 이 과정은 다양한 관점을 듣고 이해할 수 있는 여지를 마련하고, 사람들이 어떤 가치 때문에 어떤 입장을 취하는지 파악하는 데 중점을 둔다.

스터디 서클은 일반적으로 두 시간씩 진행되는 모임을 몇 주에 걸쳐 여러 번 진행한다. 소규모 조직에서는 한두 개 그룹으로 충분할 수 있다. 광범위한 커뮤니티를 다루기 위해 8~12명의 참여자로 구성된 여러 그룹을 동시에 소집할 수 있다. 이런 경우에는 과정을 시작할 때 모든 참여자가 모여 과정에 대한 공동 소개를 진행하고, 과정 마지막에는 실행 단계를 고민하기 위해 모인다.

절차: 스터디 서클의 진행 작업 대부분은 준비 과정에서 이뤄진

다. 토론을 촉진하기 위한 서면 학습 가이드를 만들어야 하고, 각 서클을 안내할 전문 진행자들을 준비해야 한다. 스터디 가이드는 사안에 대한 배경 지식을 다양한 관점에서 제공한다. 또한, 토론을 계속 진행하며 목표에 다다를 수 있도록 충분한 구조를 제공한다. 스터디 서클 자료 센터The Study Circle Resource Center 웹사이트에는 다양한 주제에 바로 사용할 수 있는 무료 가이드와 풍부한 자료가 있다.[21)]

스터디 서클을 동시에 여러 개 진행할 때는 과정 시작과 마무리를 위해 대규모 공통 회의나 전체 그룹 모임이 필요하다.

전문 진행자는 스터디 서클 과정을 이해하고, 그룹이 다양한 관점을 고려하고 존중하도록 도울 준비가 되어 있어야 한다. 전문 진행자의 역할은 관점과 가치와 해결책의 다양성, 다음 단계에 대한 고려 등 주로 개인적인 경험을 성찰하게 하는 질문으로 그룹을 안내하는 것이다. 예를 들어 다음과 같다.

- 당신은, 또는 당신이 아는 사람들은 이 문제에 대해 어떤 경험을 했나요?

- 그 관점에서 가장 설득력 있는 부분이 무엇이라고 생각하시나요?

---

21) 여러 주제에 대해 스터디 서클을 운영하기 위한 계획 및 토론 가이드, 스터디 서클 설계, 구성 및 주도에 있어 필요한 웹 및 인쇄 가능한 자료를 보려면 www.Study-Circles.org를 참조하라. 각 가이드에는 그룹이 모든 관점을 깊이 살펴보고 차이점을 공유하는 데 도움이 되는 진행 팁이 포함되어 있다. SCRC 웹사이트에서는 학습 가이드 진행자 교육을 위해 잘 작성된 교육 가이드도 무료로 다운로드할 수 있다.

- 그 견해에 동의하지 않는 사람들은 뭐라고 말하나요?
- 당신의 견해를 뒷받침하는 가장 중요한 관심사나 가치는 무엇인가요?
- 그러한 견해를 가진 사람들이 무엇에 깊은 관심을 둔다고 생각하시나요?
- 품위 있고 배려심 깊은 사람들이 당신과는 매우 다른 견해를 가지고 있다면, 그들이 그런 견해를 가지게 된 경험이나 신념에는 어떤 것이 있을까요?
- 서로 다른 견해가 있지만, 그럼에도 우리 서클 구성원 전체나 대부분을 하나로 묶는 공통 가치, 관심사 또는 아이디어가 있나요?
- 이 그룹 대부분이 동의하는 접근 방식이 있다면, 그것은 무엇인가요?
- 이 문제에 대해 우리는 무엇을 할 수 있을까요?

장점: 스터디 서클은 서로 이야기하지 않던 사람들이 대화에 지속해서 참여하게 한다. 복잡한 문제를 체계적이면서도 유연하게 탐색하는 방법을 제공한다. 다양한 관점의 기초가 되는 가치를 파악하는 데 중점을 두어 공유된 이해를 쌓고, 정치적, 사회적 노선을 가로지르는 새로운 관계를 조성한다.

유의사항: 스터디 서클 과정에는 상당한 준비와 일련의 회의가

필요하므로, 이 책에 소개된 다른 도구보다 더 많은 시간이 필요하다.

후속 작업: 논의 중인 문제에 대해 결정을 내려야 한다면, 스터디 서클 과정이 공식적인 의사 결정 과정과 어떻게 상호작용하게 될지 신중하게 생각하라. 지속적인 변화를 일으키려면, 스터디 서클을 포괄적인 커뮤니티 조직 과정의 한 부분으로만 활용하는 것이 좋다.

6장. 마무리 도구

　우리는 보통 평가 회의를 단순히 일이 어떻게 진행되었는지 평가하는 도구로만 생각한다. 그렇기도 하지만, 그 이상이기도 하다. "이 경험에서 우리는 무엇을 배울 수 있는가?"라는 사려 깊은 정신으로 진행되는 평가는 변혁의 원칙을 가정하고 발전시킨다. 이러한 원칙은 그것을 일관되게 적용하는 모든 그룹의 미래를 바꿀 수 있을 만큼 심오하다.

　평가가 그룹의 생활에 자리잡게 될 때, 깊은 변화와 혁신의 가능성이 커진다. 한 걸음 물러서서 사람들 사이에 무슨 일이 일어났는지 평가하는 것은 높은 도덕적 가치가 있는 행위다. 우리가 우리의 상호작용을 진솔하게 성찰할 때, 우리의 가장 좋은 마음과 의도를 행동에 담게 된다. 책임과 의무를 다하게 되는 것이다. 모임 마지막에 몇 분 정도 시간을 내어, 상호작용에서 배우고 개선할 수 있는 방법을 생각해 보는 것은 그룹 생활의 영적 차원을 존중한다.

　이 장에서는 모임을 마칠 때 함께 성찰할 수 있는 몇 가지 도구에 초점을 맞춘다. 그러나 몇 가지 도구를 가끔 사용하는 것으로 한정하기에는 평가는 너무나도 큰 변화를 가져온다. 다음의 여러

전략으로 평가 문화를 만들어갈 수 있다.22)

진행 위원회 임명: 그룹이 어떻게 기능하는지 특별한 주의를 기울이고, 모임 마지막에 그룹, 진행자, 또는 둘 모두에게 피드백을 제공한다. 진행 위원회 단원 참조

그룹의 기준 설정: 건설적인 상호작용을 위한 지침에 관해 이야기하고, 합의한다. 이를 게시하고, 때때로 '우리가 어떻게 하고 있는지' 돌아본다. 이러한 방식으로 규범을 명시적으로 표현하면, 어쩔 수 없이 실망스러운 부분이 있더라도, 그룹이 원하는 방향으로 나아갈 수 있도록 도와준다.

피드백 초청 시범: 다른 사람의 솔직한 피드백을 환영하고 격려하는 것은 인간이 할 수 있는 가장 혁신적인 일 중 하나다. 이것은 "나는 나의/우리의 잠재력을 최대한 발휘하기 위해 전념하고 있습니다. 나는 내 자존심을 지키는 것보다 이것에 더 전념합니다"라는 말이다. 정직한 피드백을 초대하고 격려하는 리더는 드물다. 그렇게 할 기회를 찾아보라.

총체적 평가: 그룹 평가는 그룹에서 일어난 일에 관한 피드백

---

22) 회의 평가를 위한 다른 도구는 다음에서 확인할 수 있다.
www.unce.unr.edu/publications/EBPubs/EB0103/mtgmgmt8.htm

으로 제한되는 것이 일반적이다. 하지만, 사람들 사이에서 일어나는 일은 항상 부분적으로는 사람들의 내면에서 일어나는 일을 비추는 거울이다. 내면 성찰의 촉매제로 그룹 프로세스에 대한 성찰을 쉽게 사용할 수 있다. 사람들이 스스로 질문하도록 독려하라. 다른 사람들의 말이나 행동에 내가 그렇게 강하게 반응하도록 만드는 것은 무엇인가? 내 가정assumptions, 상처, 편견 같은 것들인가?

이러한 것은 그룹 성찰에 자연스럽게 녹일 수 있다. 평가 중인 그룹 과정 중에, 긍정적이든 부정적이든 자신을 깊이 휘저었던 일에 대해 조용히 성찰해 보도록 한다. 스스로 답을 찾아보도록 초대한다. 그 답에는 어떤 가치나 신념이 반영되어 있는가? 그 가치와 신념을 붙들고 싶은가, 놓아 버리고 싶은가, 아니면 다른 결심들과 균형을 이루고 싶은가? 어떤 상처, 두려움 또는 죄책감이 촉발되었는가? 자신의 변화 과정에 대한 통찰을 소그룹 토론에서 다른 한 두 명과 나누도록 초대한다.

개인적인 반응을 되돌아본 후에, 그룹 상호작용에 대해 이야기하는 좀더 전통적인 그룹 피드백으로 사람들을 초대한다. 개인적 성찰의 단계를 거치면, 이런 피드백의 질이 훨씬 높아질 것이다. 또는, 그룹 성찰로부터 시작한 다음, 개인 성찰을 하도록 초대할 수도 있다.

질문: 우리는 누구이며, 그것을 그룹 생활에 반영하고 있는가? 평가는 더 큰 질문을 가리킬 때에만 변화를 가져온다. 우리는 누구

이며, 우리가 서로 관계 맺는 방식에 이를 반영하는가? 사람들은 이전에 특별히 알아차리지 못했던 것을 평가를 통해 인식하게 된다. 이러한 인식이 높아지면서 사람들은 상호작용의 질이 그룹의 성격, 다시 말해 그룹의 가치, 세상에 대한 그룹의 기여, 그룹의 정체성을 어떻게 반영하고 형성하는지 더 명확하게 보게 된다. 짧고 간단한 평가 도구를 소개하는 것부터 시작하면, 시간이 지나면서 그룹의 자기 인식 수준이 성숙해진다.

서클 정리와 평가

모임을 마무리할 때 서클 프로세스를 진행하면, 우리 안에 차이가 있더라도 '모두가 함께하고 있다'고 느끼게 한다. 종종 놀라운 공통점이나 이해가 드러나기도 하고, 때로는 무시했다면 곪아 터질 뻔한 어려움을 드러내기도 한다.

절차: 기본 서클 프로세스2장를 사용하여, 모임과 그룹에 대한 사람들의 경험을 이끌어 낼 수 있는 열린 질문 한두 개를 선택한다. 예를 들면, 다음과 같다.

- 오늘 함께한 시간은 어땠나요?
- 마무리를 앞둔 기분은 어떤가요?
- 우리가 성취한 것은 무엇이고, 아직 남은 일은 무엇일까요?
- 오늘 무엇을 발견하고 놀라셨나요?
- 오늘 무엇을 가져가실 건가요?

- **오늘 가장 좋았던 점은 무엇인가요?** 이어서 두 번째 라운드에서는 이 렇게 질문할 수도 있다. "그럴 수만 있다면, 오늘 대화의 어떤 부분을 바꾸고 싶 으신가요?"

장점: 이 대화방법은 정리하는 느낌을 주고, 모두가 한 번씩 마지막 발언을 할 수 있는 기회를 제공한다. 정기적으로 모이는 그룹에서 반복적으로 마무리 평가를 하면, 그룹이 함께 일하는 방식이 계속 개선될 것이라는 신뢰를 키우게 된다.

유의사항: 이런 류의 질문은 모임 중에는 들리지 않았던 우려와 상처를 드러낼 수도 있다. 만약 세션이 어렵게 진행되었다면, 사실 자기가 어떻게 느꼈는지 누군가 갑자기 말할 수도 있다. 이에 대비해서 미리 준비하고, 필요하다면 힘들어하는 사람과 추후에 대화할 두세 사람을 지정한다. 만약 당신이 개선을 위한 제안을 초대하는 질문을 던졌다면, 향후 모임 계획에 반영할 수 있도록 기록해 둔다.

사람들이 평가를 서두르지 않고, 다음에 해야 할 일을 생각하느라 주의가 분산되지 않도록 충분한 시간을 허용하라. 이것은 특히 감정적으로 격렬했던 긴 모임 후에, 사람들이 진정으로 성찰하고 다시 중심을 잡을 수 있도록 하는 데 매우 중요하다. 필요하다면, 시간 제한이나 간결하게 나누는 것에 대한 기본 규칙을 설정한다.

평가 및 닫기 서클: 유지 및 변경

이 마무리 서클은 빠르게 진행되며, 그룹이 그들의 강점과 약점을 균형 있게 살펴보는 데 도움이 된다.

절차: 기본 서클 프로세스를 사용하여, 사람들에게 그룹이 잘한 점 한 가지와 개선이 필요한 점 한 가지를 말하도록 요청한다. 다음과 같이 먼저 시범을 보인다.

"우리는 주제를 벗어나지 않고 잘 유지했지만, 되도록 서로의 말을 들으려고 속도를 늦췄는지는 잘 모르겠습니다."

차트에 '유지' 및 '변경'이라는 제목을 쓰고, 그 아래 의견을 기록하는 것은 현명한 방법이다. 참여자는 나중에 이를 다시 참고해서, 그들이 파악한 요구사항에 얼마나 잘 대응하고 있는지 평가할 수 있다.

> 이 도구는 플러스/델타 회의 평가라고도 한다. '델타'는 변화를 뜻하는 그리스어다. 일부 전문 진행자는 이를 플러스/마이너스/델타 연습으로 진행한다. 이 경우 세 가지 질문이 있다. 어떤 점이 좋았나요? 어떤 점이 마음에 들지 않았나요? 앞으로 어떤 점을 바꾸면 좋을까요?

장점: 이 대화법은 빠르고 활력이 넘치며, 잘 진행되는 부분을 평가하면서 동시에 개선될 수 있는 부분을 정직하게 바라보도록 균형 잡힌 관점을 제공한다.

유의사항: 일부 그룹에서는 입장을 표명하는 데 어려움을 겪을 수 있다. 사람들은 좋은 것에 대해서만 말하고 싶어할 수도 있고, 좋지 않은 것에만 집중할 수도 있다. 이럴 때는 라운드를 두 번 진행할 수도 있다. 처음에는 쉽고 가벼운 것부터 시작하고, 다음 라운드에서 좀 더 어려운 것을 다룬다. 개선을 위한 실질적인 제안이 있다면, 이를 기록하고 나중에 다시 모임으로 가져온다. 추가 토론을 위해 그룹에 가져오거나 아니면 하위 그룹을 지정하여 전체 그룹에 대한 권장 사항을 추후 조치할 수도 있다.

마무리 서클: 일곱 단어 이내로 말하기

이 방법은 더욱 빠른 마무리 도구로, 모임을 가볍게 마무리할 수 있다.

절차: 기본 서클 프로세스를 사용하여, 사람들에게 일곱 단어 이내로 서클에 반응하거나 평가하도록 요청한다. 먼저 전문 진행자가 시범을 보인다.

장점: 이 변형 도구는 마무리하는 느낌을 빠르게 제공하며, 시

간이 촉박할 때 사용할 수 있는 좋은 대안이다. 생각을 일곱 단어로 압축하는 도전은 종종 창의성과 유머를 불러온다.

유의사항: 어떤 사람들은 이 과정에 대해 피상적이라고 느끼거나, 좌절감을 느낄 수도 있다. 가벼운 마음으로 간결하게 진행하는 것이 적절해 보일 때만 사용한다. 정기적으로 만나는 그룹에서는 가끔씩만 사용하는 것이 좋다. 지속적으로 활용한다면 취약한 평가방법이 된다.

7장. 결론

우리가 대부분 그룹과 함께 일하기 위한 자원을 찾는 데는 실질적인 이유가 있다. 우리는 모임을 진행해야 하고, 일이 터지는 것을 원하지 않는다! 그러나 전략적으로 그룹 대화방법을 사용하기 시작하고 그 영향을 생각해 보면, 그것이 성공적인 모임 그 이상을 이끌어낸다는 것을 알게 된다. 대화방법은 개인과 그룹의 삶을 형성한다. 대화방법은 어떤 특성을 끌어내기도 하고, 다른 특성을 억제하기도 한다. 대화방법은 시간이 지나면서 우리의 가치와 존재에 영향을 미친다.

이 책에 담긴 대화방법의 기본 가치는 **인간은 신성하다**는 확신이다. 모든 사람에게는 신비롭고 무한히 소중한 것, 즉 정중하고 명예로운 대우를 요구하는 어떤 것이 자리하고 있다. 이 가치를 유지하는 방식으로 대화를 진행할 때마다 우리는 참석한 사람들에게 영향을 미친다. 마찬가지로, 우리가 이 가치를 무시하는 방식으로 대화를 진행하면 참여자들의 위상이 떨어진다.

인간의 상호작용은 영적 성장을 위한 기회의 주요 영역이라는 것이 이와 연관된 전제다. 우리 각자 안에 신성함이 있다면, 다른 사람에 대한 우리의 반응을 관리하는 것은 매우 중요하며, 그렇게 하면서 우리가 배우는 것이 우리 존재의 핵심에 영향을 미친다.

영적인 것을 포함해 존재의 모든 수준에서, **갈등은 성장을 위해 특히 중요한 기회를 제공**한다. 갈등은 우리의 주의를 집중시키고 인식을 높인다. 갈등은 선택의 기로에 놓이게 하고, 우리가 집착하던 것을 내려놓고 새로운 선택을 고려하도록 밀어붙인다. 이를 위해서는 정의의 문제와 씨름하고, 권력과 자존심에 근거해 편협한 주장을 하려는 경향을 뛰어넘도록 촉구하는 원칙을 명확히 해야 한다.

그리고 갈등은 마음 깊은 곳에서 우리를 시험한다. 우리는 화가 나거나 두려울 때 자신의 신성함을 인식하는 동시에, 나와 크게 다른 사람들의 신성함도 인식해야 하는 이중의 도전에 직면한다. 결국, 자기와 타인이 신성한 존재임을 알고 존중하는 방법을 배우는 것은 최상의 상황에서도 중요한 도전이다. 감정이 고조되었을 때 강압적으로 그렇게 하는 것은 훨씬 더 큰 도전이다. 이를 돕는 실천을 할 때, 우리는 영적으로 성장한다.

또 다른 기본 전제는 **우리가 스스로 책임을 질 수 있다**는 것이다. 우리는 예로부터 내려오던 패턴을 무의미하게 반복해야 하는 운명에 처해 있지 않다. 우리는 옳고 그름을 구별할 수 있다. 우리 안과 우리 사이에 존재하는 광대한 신비에 반응하여, 우리 자신과 행동을 돌아보아 이를 변화시키고 개선할 수 있어야 하고, 또 그래야 한다. 다른 사람과의 상호작용을 이해하고 개선하기 위해 최선의 노력을 기울일 가치가 있다.

어떻게 우리 스스로를 책임질 수 있는가? 부분적으로, 우리는 **창의력과 상상력을 전략적으로 활용**할 수 있다. 이것은 우리가 누구인지, 어떤 사람이 되는지 만드는 데 도움이 된다. 그룹에 건설적인 대화를 위한 도구를 제공할 때, 우리는 그러한 전략적 상상력을 실현한다. 우리는 다양한 사람들, 심지어 화가 난 사람도, 고안된 대화방법으로 서로 건설적인 대화를 나눌 수 있는 가능성을 기대한다. 대담하게 상상할 수 있는 용기와 그 상상을 뒷받침하는 기술, 참여하고자 하는 의지가 있을 때, 우리는 펼쳐진 신성함으로 우리 자신과 관계를 재창조한다. 따라서 희망을 품고 그에 따라 능숙하게 행동할 수 있는 능력을 키우는 것이 중요하다.

이중에 어느 것이라도 쉬운 것이 있는가? 없다. 거기에 실수, 눈에 띄는 모순이나 실패가 있을 것인가? 많을 것이다. 그러나 지난 수십 년 동안 이루어진 그룹 작업에 대한 증거는 이제 반박할 수 없는 사실이다. 평범한 사람도 편견과 분노의 장애물을 넘어서 건설적인 의사소통을 할 수 있다. 우리는 다른 사람의 눈을 통해 세상을 볼 수 있고, 우리와는 완전히 다른 사람과도 공통된 인간성을 경험할 수 있다.

그리고 할 수 있다는 것을 알고 있기에 반드시 해야 한다. 인류 사이에 존재하는 차이를 존중하는 데 필요한 도구가 우리 손에 있다. 중요한 질문은 우리가 이러한 힘을 활용하기 위해, 대화방법에 충분히 투자할 준비가 되어 있는지 여부다.

정치인들은 세계의 미래에 대한 최종 결정을 내린다. 그러나 인간 이해를 위한 중요한 싸움은 다른 곳에 있다. 부모, 교사, 원로, 종교 지도자, 업무 팀 코디네이터 및 다른 많은 사람이 진정으로 인간 의식을 형성하는 이들이다. 평범한 삶의 차이를 다루기 위해 우리가 모임에서 사용하는 도구는 우리 아이들이 살아갈 세상을 만드는 데 큰 힘이 된다.

추가 자료

웹 자료

• **공공 대화 프로젝트**The Public Conversations Project는 지침, 소개, 둘러보기, 공개 토론 촉진 및 평가로 구성된 대화 세션 모델을 제공한다. 커뮤니티 대화 가이드는 초대 제안, 계획 워크시트, 샘플 지침, 제안 질문 및 주제, 참여자 유인물 및 피드백 양식을 포함하여 주최자와 전문 진행자를 위한 유용한 도구와 팁을 제공한다. 다음을 참조하라. www.publicconversations.org

• **공동 지성 연구소**Co-Intelligence Institute는 대화에 관한 훌륭한 자료를 포함하여, 그룹 작업을 위한 여러가지 첨단 도구에 대한 훌륭한 리뷰를 제공한다. 다음을 참조하라. www.co-intelligence. org/CIcontents.html

• **문제를 8가지 유형**으로 분류하는 조직적 문제 해결 접근 방식은 각각 고유한 역동성 및 최선의 해결 방법을 갖추고 있다. 다

음을 참조하라. www.problemsolving2.com

• **공통 기반 검색**Search for Common Ground은 갈등 관리를 위한 협력적 문제 해결 모델을 이해하고 실천하고자 하는 그룹을 위한 워크숍 교육 자료를 개발한다. 이 프로세스는 상호 합의를 장려하고 긍정적인 관계를 발전시키는 것을 강조한다. 다음을 참조하라. www.itrainonline.org/itrainonline/−mmtk/cps.shtml

• **국제 공공 참여 협회**The International Association for Public Participation는 의사 결정 과정에 많은 사람을 참여시키기 위한 광범위한 도구 목록을 보유하고 있다. 다음을 참조하라. www.iap2.org/associations/4748/files/toolbox.pdf

• **전국 대화 및 심의 연합**The National Coalition for Dialogue and Deliberation은 그룹 전문 진행자와 대화 지도자를 위한 광범위한 자료 모음을 보유하고 있다. 다음을 참조하라. www.thataway.org/resources/practice

• 그룹 문제 해결 및 의사 결정을 위한 도구 목록은 다음을 참조하라. www.usbr.gov/pmts/guide/toolbox.html

• 그룹 진행에 관한 전자 토론 목록과 목록 참여자가 작성한 그

룹 프로세스 도구 및 기법에 대한 기사를 보려면 다음을 참조하라. www.albany.edu/cpr/gf/

• 공공 정책 및 정치적 갈등에서 대화를 촉진하는 방법에 대한 무료 사례 연구 및 방법 에세이를 보려면, 다음을 참조하라. www.democraticdialoguenetwork.org

• 전문 진행facilitation에 관한 더 많은 도서 목록을 보려면, 다음 웹사이트에서 론 크레이빌Ron Kraybill의 참고 문헌을 확인하라.

• www.riverhouseepress.com/Group_Facilitation_and-Process_Design_Resources.htm#Bibliography

참고 도서

• Bunker, Barbara Benedict and Billie T. Alban. *Large-Group Interventions*: *Engaging the Whole System for Rapid Change* San Francisco: Jossey-Bass, 1997. 계획, 의사 결정 또는 협상에서 대규모 그룹과 협력하기 위한 여러 가지 방법론을 심층적으로 살펴본다.

• Chambers, Robert. *Participatory Workshops*: *A Sourcebook of 21 Sets of Ideas and Activities* London: Earthscan Publications, 2002. 저명한 농촌 개발 전문가의 전문 진행facilitation 자료집이다. 이론은 가볍지만 그룹 도구와 활동 자료가 많다. 전문 진행자를 위해 책을 한 권만 구입할 수 있다면, 바로 이 책이다.

• Creighton, James L. *Involving Citizens in Community Decision-Making: A Guidebook* Washington, DC: Program for Community Problem-Solving, 1992. 지역사회 문제에 대한 대중 참여 사례를 제시하고, 대중의 참여 부족이 종종 양극화로 이어지는 이유를 보여준다. 대중 참여 과정을 설계하는 주요 단계를 제시하고, 사람들을 참여시키는 데 사용할 수 있는 다양한 기술을 설명한다. 명확하고 요점이 분명하다.

• Doyle, Michael and David Straus. How to Make Meetings Work. Jove Press, 1993. 전문 진행facilitation에 관한 고전이다.

Godschalk, David, et al. *Pulling Together: A Planning and Development Consensus-Building Manual* Washington, DC: The Urban Land Institute, 1994. 이는 공공 분야의 결정이나 갈등으로 인해 영향을 받는 다양한 이해관계 간의 합의를 구축하기 위한 방법 매뉴얼이다. 상황 평가, 프로세스 설계, 합의 구축 및 문제 해결, 회의 진행에 관한 장으로 구성되어 있다. 또한 5가지 사례 연구도 포함되어 있다. 실용적이고, 명확하게 구성되어 있으며, 놀라운 자료다.

Justice, Thomas. *The Facilitator's Fieldbook* New York: American Management Association, 1999. 그룹 전문 진행facilitation을 위한 대규모 자료 매뉴얼이다. 아마도 가장 포괄적인 아이디어, 기법 및 가능한 도구 모음일 것이다.

Kaner, Sam, et al. *Facilitator's Guide to Participatory Decision-Making* Philadelphia, PA and Gabriola Island, BC: New Society Publishers, 1996. 『민주적 결정방법론』 쿠퍼북스, 2017 유인물을 쉽게 복사할 수 있도록 시각적으로 깔끔하게 배치되었다. 의사 결정에 관한 많은 통찰력을 명확하고 간결하게 제시한다.

Kelsey, Dee, Pam Plumb, and Beth Braganca. *Great Meetings! Great Results!* Portland, ME: Hanson Park Press, 2004. 간결하고 체계적이며 사용자 친화적이다. 회의 진행 및 그룹 개발에 관해 전반적으로 소개한다.

• Kraybill, Ron. *Group Facilitation: Skills to Facilitate Meetings and Training Exercises to Learn Them, and Tools to Build Consensus: Facilitate Agreement in Your Group*. Riverhouse ePress, 2005 그룹 전문 진행facilitation 기술을 간결하게 요약한 20페이지 이

하의 저렴한 소책자 2권을 전자문서e-docs 또는 인쇄본으로 제공한다. www.RiverhouseEpress.com 를 참조하라.

• *Mediation and Facilitation Training Manual*: *Foundations and Skills for Constructive Conflict Transformation*, Fourth Edition Akron, PA: Mennonite Central Committee, 2000. 메노나이트 화해 서비스Mennonite Conciliation Service가 제공한 이 포괄적인 매뉴얼은 교회와 지역 사회 환경에서 갈등을 다루는 수많은 메노나이트 실무자들의 축적된 경험을 바탕으로 작성되었다. 그룹 전문 진행facilitation, 의사 결정 및 갈등 개입에 대한 상당한 섹션을 포함하고 있다. 아이디어, 기법, 유인물 및 많은 참고문헌 제안으로 가득하다. 아마도 이 분야에서 사용할 수 있는 최고의 단일 자료일 것이다.

• Pretty, J.N., et al. *Participatory Learning and Action*: *A Trainer's Guide* London: International Institute for Environment and Development, 1995. 훈련 인도자용 매뉴얼로 기술되어 있지만, 훨씬 더 많은 내용을 담고 있다. 현존하는 최고의 전문 진행facilitation 기법 및 도구 모음집 중 하나가 포함되어 있다.